DRESSLER

Originalausgabe

1. Auflage

© 2021 Dressler Verlag GmbH,

Max-Brauer-Allee 34, 22765 Hamburg

Alle Rechte vorbehalten

© Livia Josephine Kerp

© Umschlaggestaltung: Frauke Schneider

Satz und Innengestaltung: Die Buchmacher, Köln

Druck und Bindung: Livonia Print SIA, Jūrkalnes iela 15/25,

LV-1046 Riga, Lettland

Printed 2021

ISBN 978-3-7513-0008-7

www.dressler-verlag.de

LIVIA JOSEPHINE KERP

HOW TO POLITIK

VON HÄ?

ZU AH!

Dressler Verlag • Hamburg

INHALTSVERZEICHNIS

IN DIE DREI GROßEN KAPITEL HABE ICH NETZ- UND SOCIAL-MEDIA-INFOSEITEN FÜR DICH EINGESTREUT. DIE ERKENNST DU BEIM BLÄTTERN AN DER GELBEN FARBE!

Hey, ich bin Livia! Mein Abi habe ich gerade hinter mir. Seit ich 13 bin, beschäftige ich mich auf meinem Blog und in verschiedenen Kolumnen mit dem Thema Politik.

In den letzten Jahren habe ich mich mit vielen Politikern (fast) aller Parteien unterhalten. Das hat mir oft geholfen, Politik besser zu verstehen. Einiges, was in der Politik passiert, finde ich wirklich gut. Manche politischen Entscheidungen sind allerdings echt schlecht für meinen Blutdruck. Aber eines ist klar und das macht das Thema auch so wichtig:

Die Politik der Gegenwart bestimmt unsere Zukunft.

Da ist es doch eine gute Idee, die Sache auch für dich mal näher zu beleuchten. Denn *unsere Zukunft* – das ist auch deine! Also: Lichtschalter suchen und – täta – Spot an!

Okay, ich check schon: Du denkst jetzt: »Wie laaaaaangweilig ist das denn?« und »Was hat das mit miiiiir zu tun?« Meine Antworten: »Überhaupt nicht!« und »Alles!«

Politik kann ganz schön aufregend sein, du wirst sehen. Und sie *hat* mit dir zu tun.

Politiker treffen nonstop Entscheidungen für uns. Wir sehen das nur nicht.

Aber tatsächlich versteckt sich Politik überall in unserem Alltag. Hast du dir schon mal Fragen gestellt wie: »Fahre ich jetzt mit dem Fahrrad zur Schule oder lass ich mich mit dem Auto bringen?«, »Was soll am Internet schon gefährlich sein?« und »Wär eine andere Klassensprecherin nicht besser?«

»Okay, okay«, sagst du jetzt. »Aber was ist mit der *echten* Politik? Mit der, die in Berlin (und in der *Tagesschau*®) stattfindet? Die haben da sowieso nicht auf dem Schirm, was mir wichtig ist.«

Ich kenn das, denn ich hatte dieses Gefühl auch schon sehr oft. Aber du hast eine Wahl: Du kannst weiter nichts verstehen und nichts machen. Und alles bleibt so, wie es ist.

Oder du kannst anfangen, was zu ändern.

Wenn du das möchtest, musst du dich schlaumachen und mutig sein, Fragen stellen und deine Standpunkte offen aussprechen.

Würde mir die Bürgermeisterin wirklich zuhören, wenn ich ihr etwas zu sagen hätte? Warum sind Politiker immer so alt – und so grau angezogen? Wieso sind Fake News ein so großes Problem? Und geht es dem Klima *wirklich* so schlecht? Kümmert sich da mal jemand endlich drum?!

Ich stelle solche Fragen schon seit vielen Jahren. Und jetzt, wo es bei dir vielleicht gerade »Klick!« macht, begleite ich dich gerne bei deinen ersten Schritten ins Innere der Politik.

Du bist nicht allein!

Dieses Buch ist vielleicht der Lichtschalter, den du drückst, damit du deine Zukunft besser sehen kannst. Wäre ja schön, wenn es dann am Horizont auch tatsächlich heller würde!

Für das Buch habe ich mit dem jüngsten Bürgermeister Deutschlands und dem jüngsten Mitglied des Organisationsteams von *Fridays for Future*, mit Politikern aus der Regierung und der Opposition gesprochen. Außerdem mit Fachleuten aus der Wissenschaft und dem Rechtswesen.

Eins noch vorab. Ich sag in diesem Buch bei manchen Themen auch, wie ich selbst die Sache sehe. Das heißt aber nie, dass man sie nicht auch anders sehen kann. Was für dich richtig oder falsch, gut oder schlecht ist, das musst du immer für dich selbst herausfinden.

Vielleicht war ich bei diesen Gesprächen auch schon ein bisschen deine Stimme. Eine junge Stimme für die Jugend.

Ich kann hier gar nicht alles aufschreiben, was ich dir eigentlich gerne erzählen würde. Aber ich kann mal anfangen mit ein paar Themen, die dich vielleicht auch interessieren.

Wundere dich nicht, dass ich versucht habe, im ganzen Buch männliche und weibliche Formen bunt zu mischen. Würde ja keiner (und keine) auf die Idee kommen, Angela Merkel »Bundeskanzler« zu nennen. Frauen sind überall, deshalb sind sie auch in diesem Buch zu sehen.

Nun lass uns gemeinsam ein paar Spotlights in die Welt der Politik werfen und anfangen zu überlegen, wie unsere Zukunft aussehen soll. Und wie wir das erreichen können.

Danach kannst du dann locker alleine oder mit deinen Freunden weitermachen, vielleicht mit anderen Fragen und bei anderen Themen.

»Hä?« ist keine Option, für mich nicht und für dich auch nicht.

Sag lieber mal öfter: »Ah!«

Im Buch sind gelbe #-Seiten locker in alle »politischen« Kapitel eingestreut. Auf denen geht's nicht um einzelne politische Themen, sondern um Social Media und das Netz allgemein.

SCHULE UND POLITIK

Jetzt erst mal Deep Talk. Glaubst du, Schule hat nur was mit Lernen und nichts mit Politik zu tun?

Nun ja, die Schule ist politischer als du denkst. Und ich glaube, seit Corona und Homeschooling wurde es offensichtlich, dass Politik unseren Schulalltag sogar sehr beeinflussen kann. Aber das ist noch lange nicht alles.

Wie jetzt? Schule?!
Es nervt, nächstes Thema!

Ja, Schule kann schon mal nerven, besonders wenn schon vor dem ersten Gong das WLAN mal wieder nicht funktioniert. Was aber hat jetzt das Schul-WLAN mit Politik zu tun?

Ich sag mal so:

Könnte es nicht sein, dass die Schule deshalb manchmal so nervig ist, weil die Politik sich nicht genug darum kümmert, sie wirklich gut zu machen?

Schon mal darüber nachgedacht, warum die Computer in deiner Schule langsamer sind als du morgens gleich nach dem Aufstehen? Oder steckt deine Schule sogar noch in der Kreidezeit fest?

KLASSEN

Jetzt kannst du dich über die Politik ärgern und alles einfach so hinnehmen. Oder du kannst dich fragen, warum die Politik nicht schon längst unsere Schulen besser gemacht hat, und dann rausfinden, was wir selbst tun können, um unseren Schulalltag besser zu machen.

Ich musste dafür auch erst mal verstehen, wie unser Schulsystem in Deutschland funktioniert, um dann zu überlegen, was wir verbessern können und wo wir der Politik mehr auf die Finger schauen müssen.

➡ DEINE ERSTE WAHL

Was Schule mit Politik zu tun hat, springt bei einer Sache so richtig ins Auge: der Wahl der Klassensprecherin. Denn Wählen ist ein demokratischer Vorgang.

Mit der Wahl entscheidest du nicht nur darüber, wer die Klassenlisten führen soll (was sonst keiner machen will), sondern auch darüber, wer deine Klasse und dich gegenüber den Lehrern vertritt. Und wer aus deiner Klasse damit beauftragt wird, dafür zu sorgen, dass Probleme in der Klassengemeinschaft, der Schule und mit dem Unterricht angesprochen und gelöst werden.

Und eins ist klar: Je mehr sich ein Klassensprecher einsetzt, desto größer ist der Einfluss auf die Lehrerinnen

und desto mehr kann er für die Klassengemeinschaft erreichen.

Also, Augen auf bei der Frage, wer dich im nächsten Jahr in der Klasse vertritt!

Wählt ihr eure Klassensprecherin in einer geheimen oder einer offenen Wahl? Findest du es gut so, wie ihr das macht?

Ein **SCHULSPRECHER** hat natürlich noch mehr Einfluss als ein Klassensprecher und vertritt die Schülerschaft zum Beispiel gegenüber der Rektorin oder in kommunalen Schulgremien. Er wird meist unter allen Klassensprechern der Schule gewählt.

Hast du dir dann schon mal überlegt, warum du deine Stimme bei der letzten Klassensprecherwahl deiner Kandidatin gegeben hast?

- Freundschaft?
- Kann gut reden?
- Tolles Aussehen?
- Setzt sich ein?

Das frage ich jetzt nicht, weil ich so wahnsinnig neugierig bin. Sondern weil es schon wichtig ist, sich selbst zu fragen, warum man sich für einen Kandidaten entscheidet.

Damit eine Klassensprecherin gewählt werden kann, muss es zumindest mal zwei Kandidaten geben, die sich für eine Wahl aufstellen lassen. Logisch, oder? Sonst wird eine Wahl irgendwie schwierig – man könnte sagen: Du hast dann keine Wahl.

Natürlich möchte nicht jede Klassensprecherin werden. Wenn du mal testen willst, ob das für dich etwas ist, lass dich einfach in der nächsten Klassensprecherwahl aufstellen – und dann guck mal, wie es sich anfühlt.

Außerdem kann ich dir versichern, dass man nicht perfekt sein muss, um Klassensprecherin zu werden!

Niemand ist perfekt!

TIPP:
Vielleicht findest du es einfacher, wenn du dir klarmachst, dass es echt nicht peinlich ist, wenn du die Wahl nicht gewinnst. Überlege einfach, ob du grundsätzlich Lust hast, dich für die Klassengemeinschaft einzusetzen. Nur das sollte zählen.

Wie ist es bei dir in der Klasse? Muss man immer jemanden dazu überreden, sich als Klassensprecher wählen zu lassen? Oder gibt es welche, die das gerne von sich aus machen?

LIVIAS LIFE

Ich habe inzwischen schon ganz schön oft bei der Klassensprecherwahl mitgemacht. Und ich wurde auch zweimal selbst zur Klassensprecherin gewählt. Das war echt eine interessante Zeit für mich. Ich kann mich an zwei Situationen erinnern, die mich auch als Person geprägt haben.

Das eine Mal war, als die meisten von uns mit dem Sportunterricht unzufrieden waren. Wir wollten im Sportunterricht nicht immer nur mit Seilen herumtanzen. Ausdruckstanz fanden wir total sinnlos. Ehrlich, wer will das wirklich machen? Ich habe dann eine Diskussion mit unserem Sportlehrer organisiert, und wir haben uns am Ende geeinigt und danach vorwiegend Ballsportarten gespielt.

Ein anderes Mal habe ich mich vor eine Klassenkameradin gestellt, die von einigen anderen wegen ihrer Kleidung gemobbt wurde. Ich habe damals den anderen gesagt, dass jeder, der eine Klassenkameradin mobbt, auch mich mobben muss. Dadurch kam eine Diskussion in Bewegung, durch die das Mobbing gegen das Mädchen letztendlich aufhörte. Manchmal kann man als Klassensprecherin echt viel für die Klassengemeinschaft oder für einen Klassenkameraden bewirken.

In meinem Schulleben gab es leider immer wieder Klassensprecher, die sich nur wählen ließen, um höher in der Klassenhierarchie aufzusteigen, aber letztendlich nichts für die Klasse gemacht haben. Das fand ich immer schade, weil dadurch keine echte Klassengemeinschaft entstand, sondern jeder einfach nur sein Ding durchzog.

Ich finde, eine Klassensprecherin ist im Kleinen so etwas Ähnliches wie eine Bürgermeisterin im Größeren. Auch die kann viel bewegen, wenn sie ihre Möglichkeiten nutzt – oder eben nicht.

»Jetzt übertreibt es die Livia aber mit dem Vergleich!«. denkst du wahrscheinlich gerade. Nö. Ist tatsächlich so! Der Oberbürgermeister von München war auch mal Klassensprecher und auch er sieht seine Aufgaben und die des Klassensprechers so:

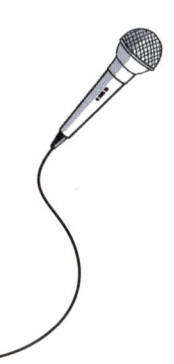

Dazu gehört es, Entscheidungen zu treffen und Ideen zu entwickeln, wie das Leben an der Schule oder in der Stadt sich verbessern lässt. Das ist eine große Verantwortung, und im Grunde muss das auch ein*e Klassensprecher*in so machen. Aber nicht nur für die Menschen, die einen gewählt haben, sondern für alle Schüler*innen in der Klasse oder die Bürger*innen einer Stadt.

DIETER REITER

Die Belege zu allen Zitaten im Buch findest du auf Seite 218-219

Du siehst schon: In der Wahl des Klassensprechers steckt tatsächlich viel Politik. Hättest du dir auch nicht so gedacht, oder?

GLAUB NICHT ALLES, WAS DU SIEHST!

Du kennst das: Wikipedia rettet dein Referat, und in Insta-Stories von Freunden kriegst du den nächsten Politik-Skandal mit. Aber wie vertrauenswürdig sind solche Infos aus dem Netz eigentlich?

Grundsätzlich hast du dort unendlich viele Möglichkeiten, dich zu informieren, natürlich auch zu jedem politischen Thema. **Alles, was du online findest, solltest du aber immer kritisch hinterfragen (das kann übrigens auch bei gedruckten Infos nicht schaden).** Gar nicht so einfach, den Überblick zu behalten bei der News-Flut, die da jeden Tag anrollt!

Information hat sich leider nicht zum Guten verändert. Die junge Generation muss eine immer komplexer werdende Welt mit immer weniger komplexen und oberflächlicheren Informationen aufnehmen.

ALEXANDER HOLD

Hat Alexander Hold recht mit dem, was er sagt? Nun ja, einerseits gibt es online oberflächliche Informationen wie Sand am Meer, das ist schon richtig. Und die werden geteilt, geliket und kommentiert, was das Zeug hält.

Manches, was du liest, ergibt Sinn, manches eher weniger. Gleichzeitig war es noch nie so einfach, überhaupt an Informationen zu kommen. Du musst nur wissen, wie du sie filtern kannst. Und das schauen wir uns jetzt mal an.

Um sich eine eigene Meinung zu einem Thema bilden zu können, ist es wichtig, sich zuerst einen Überblick zu verschaffen. Was haben andere Menschen bereits über dieses Thema gesagt? Bin ich mit ihren Ansichten einverstanden? Was sehe ich vielleicht anders?

Eine Sache, die ich zum Beispiel gar nicht mag, ist, wenn mir jemand seine Meinung aufdrängen will. Oder wenn eigentlich komplizierte Nachrichten durch kurze Schlagzeilen abgekürzt werden. Das mag zeitsparend sein, die Gefahr ist aber auch groß, dass wichtige Infos dabei verloren gehen. **Wenn dich ein Thema interessiert, nimm dir die Zeit, dich damit zu beschäftigen.**

Gewählt hast du also jetzt schon mal. Aber wie sieht es mit dem Thema Politik im Unterricht aus, was erfährst du dort darüber, was dich interessiert? Sollte die Schule uns überhaupt so weit auf das Leben vorbereiten, dass wir nicht nur rechnen und schreiben können, sondern auch einen Einblick in die Politik bekommen?

Ich finde:

Politische Bildung in der Schule muss sein.

Denn wenn man sich als Jugendliche eine politische Meinung bilden will, sollte man das nötige Wissen haben, um sich beispielsweise nicht von leeren Parolen beeindrucken zu lassen.

Okay, den Bundestag darf man erst mit 18 wählen, aber viele Landtage schon ab 16 Jahren. Und egal, ob du erst in ein paar Jahren wählen darfst oder vielleicht schon morgen, ist es doch wichtig, sich schon frühzeitig vorzubereiten und zu informieren, wie das geht und wer da eigentlich zur Wahl steht. Denn nur dann bist du auch bestens vorbereitet, eine Partei und die Politiker zu wählen, die deine Meinung am besten vertreten.

GRUNDLAGEN

Politisches Wissen brauchst du aber auch, um politische Posts im Netz oder die Nachrichten besser zu verstehen und um dir eine eigene Meinung bilden zu können.

Denn darauf kommt es an: dass du dir eine eigene Meinung bilden kannst und nicht eine andere einfach kritiklos übernimmst.

In den meisten Bundesländern gibt es ein eigenes Fach Politikunterricht, in manchen ist Politik Teil des Fachs Sozialkunde. Welche Möglichkeiten hast du, diesen Unterricht mitzugestalten? Hast du das Gefühl, dass du im Politikunterricht die nötigen Informationen bekommst, oder schaltest du da immer ab, weil alles langweilig und weit weg klingt? Lass dich nicht entmutigen und frag im Unterricht nach, wenn dir Informationen fehlen!

LIVIAS LIFE

Ich hatte nur in meiner Abschlussklasse »richtigen« Politik-Unterricht. Erst in diesem Jahr haben wir in der Klasse sehr viel über die aktuelle Politik diskutiert. Das waren teilweise richtig gute Diskussionsrunden. Und ein gutes Training fürs Argumentieren: Klischees raus, Fakten rein!

Die Schuljahre davor hatte ich Sozialkundeunterricht. Aber da ging es nur um die Grundlagen der Demokratie bei uns in Deutschland. Ich wollte aber schon immer mehr über die aktuelle Politik erfahren. Deshalb fing ich an, regelmäßig die Nachrichten im Fernsehen zu sehen. Aber auch das war mir dann bald zu wenig. Mehr dazu auf den gelben Hashtag-Seiten in diesem Buch.

➡ POLITISCH SEIN, WO ES WEHTUT

Du siehst: In der Schule steckt sehr viel Politik, in verschiedenen Formen. Es fängt schon mit der Frage an, ob man sich für seine Interessen und die der Klassengemeinschaft einsetzt. Bei uns kann das jeder einfach so machen.

Woanders kann das lebensgefährlich sein.

Eines meiner größten Vorbilder und eine echte Heldin ist Malala Yousafzai aus Pakistan. Sie überlebte als 15-Jährige nur knapp einen Anschlag. Man hatte sie angegriffen, weil sie sich für die Bildung von Mädchen in Pakistan eingesetzt hat.

MALALA YOUSAFZAI wurde am 12. Juli 1997 in Pakistan geboren. 2007 haben die pakistanischen Taliban begonnen, die Schulen für Mädchen zu schließen, und schreckten dabei auch vor Mordanschlägen nicht zurück. Am 9. Oktober 2012 wurde Malala von den Taliban mit mehreren Schüssen in Kopf und Hals lebensgefährlich verletzt. Mittlerweile lebt sie mit ihrer Familie in Großbritannien und kämpft für die Bildung von Mädchen auf der ganzen Welt. Deswegen wird sie von den Taliban immer noch als Feindin angesehen.

Vor den Vereinten Nationen in New York hat Malala 2013 eine beeindruckende Rede gehalten. Für ihren Mut und ihr Engagement hat sie unter anderem im Jahr 2014 den Friedensnobelpreis bekommen.

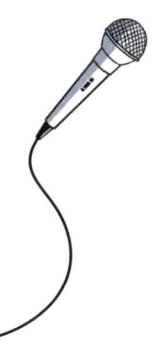

Ich bin hier, um meine Stimme zu erheben für ein Recht auf Bildung für alle Kinder. [...] Also lasst uns in den weltweiten Kampf ziehen, gegen Analphabetismus, Armut und Terrorismus, lasst uns zu unseren Büchern und Stiften greifen, sie sind unsere stärksten Waffen. Ein Kind, ein Lehrer, ein Buch und ein Stift können die Welt verändern. Bildung ist die einzige Lösung. Bildung zuerst.

MALALA YOUSAFZAI

Ich finde, in ihrer Botschaft an die Welt zeigte Malala die politische Tragweite von Bildung sehr gut. Für sie sind Stifte und Bücher die stärksten Waffen der Welt.

Das Beispiel von Malala Yousafzai zeigt für mich sehr deutlich, wie wichtig es ist, sich für seine Interessen einzusetzen, und wie unverzichtbar Wissen für die Demokratie ist.

VORBILD

➡ DU KANNST IMMER WAS MACHEN!

Zurück zu dir und deinem Politikunterricht. Wie wird an deiner Schule Politik unterrichtet – und bist du zufrieden damit? Natürlich gibt es manchmal Gründe, einzelne Fächer oder Themen nicht in den Stundenplan aufzunehmen. Das hat vielleicht was mit der wöchentlichen Stundenzahl zu tun, in der ja irgendwie alle Fächer untergebracht werden müssen.

Es ist auch nicht so einfach zu entscheiden, was besser ist: eine Stunde mehr Mathe und dafür eine Stunde weniger Kunst? Oder auch eine Frage wie:

Ist Sport wichtiger als Politik?

Du siehst, es ist schon an der Stelle ganz schön schwer zu entscheiden.

Die Bildungsministerien der Bundesländer machen das aber und legen in den sogenannten Lehrplänen fest, was wichtig ist. Die Schulen und Lehrer müssen es dann umsetzen.

Klar ist: Man kann es nicht jedem recht machen. Aber wenn etwas für dich fehlt, vielleicht etwas sehr Wichtiges, wenn also deine Schule nicht alle Themen im Stundenplan unterbringen kann, dann kannst du was machen.

Mein Vorschlag, wenn bei dir in der Schule das Politische zu kurz kommt:

Werde einfach selber aktiv!

Erste Frage: Über welche Themen willst du mehr wissen oder was benötigst du, um dir eine politische Meinung bilden zu können?

Wenn dir ein Thema wirklich so wichtig ist, dass du es größer aufziehen willst, fang einfach mal an, über eine Arbeitsgruppe (AG) oder einen Arbeitskreis (AK) an deiner Schule nachzudenken. Diese Möglichkeit hast du immer – auch beim Thema Politik. Im Team macht es mehr Spaß, und ihr könnt euch die Aufgaben teilen!

Aber wie gründet man eine Arbeitsgruppe (AG) oder einen Arbeitskreis (AK)? Ich hab ich dir mal eine kleine Checkliste zusammengestellt.

Call-to-Action:

EINFACH MAL SELBER MACHEN!

Mit wem möchtest du einen AK gründen (Namen und Anzahl)?

Was ist euer Thema? Warum ist es für euch wichtig?

Welche Lehrerin könnte euch am besten bei dem Projekt unterstützen?

Wann, wo und wie oft würdet ihr euch treffen?

Welche Materialien braucht ihr für euer Projekt?

....

....

....

....

....

....

....

Wenn ihr alle diese Fragen beantwortet habt, solltet ihr eine schriftliche Anfrage an eure Schulrektorin (in Österreich: -direktorin) stellen.

Schön, der Anfang ist gemacht. Aber wie geht es dann weiter? Natürlich kann ich nicht garantieren, dass eure Rektorin euch gleich um den Hals fällt und total begeistert das Projekt befürwortet. Es kann schon sein, dass ihr vielleicht etwas hartnäckiger vorgehen müsst, um die Schulleitung davon zu überzeugen, wie wichtig es euch ist. Gut ist auf jeden Fall ein Lehrer, der euch dabei unterstützt.

Und dann heißt es dranbleiben: Ihr werdet bestimmt mal keine Lust mehr haben zwischendurch, euch streiten oder alles sinnlos finden. Ist normal, wenn man an was Großem dran ist.

Durchhalten!

Ein ziemlich guter Abschluss für euer Projekt wäre es dann sicher, das Ergebnis eurer AG oder eures AK am Ende des Schuljahres den Schülern und Lehrern der Schule vorzustellen. Neues Wissen habt ihr auf jeden Fall erworben.

Und vielleicht sind andere an eurer Schule jetzt auch auf den Geschmack gekommen und starten eine AG oder AK zu *ihrem* Thema?

→ SCHREIBEN *über* ~~FÜR~~ DIE SCHULE

Klassensprecher sein oder eine AG/einen AK gründen – das sind zwei supergute Möglichkeiten, auf etwas aufmerksam zu machen, was dir in der Schule wichtig ist. Und es gibt noch eine: die Schülerzeitung!

Sie wird von Schülern für Schüler, Lehrer und vielleicht auch Ehemalige gemacht. In vielen Schulen werden Schülerzeitungen von der Schulleitung unterstützt und gefördert. Auf Bundes- und Länderebene gibt es sogar Wettbewerbe, bei denen die besten Schülerzeitungen Deutschlands gesucht werden.

LIVIAS LIFE

Für mich war die Schülerzeitung sogar ein Startschuss. Dadurch habe ich festgestellt, wie viel Spaß mir das Schreiben macht. Meinen ersten Artikel für die Schülerzeitung habe ich 2011 in der Grundschule geschrieben, als ich in der dritten Klasse war. Ich war für zwei Bereiche zuständig. Zum einem für die letzte Seite. Da habe ich zum Beispiel darüber berichtet, wie gefährlich der Verkehr vor der Schule war, das war damals schon echt ein Problem. Aber ich war auch für die Witzeseite zuständig. Natürlich habe ich auch meinen damaligen Lieblingswitz untergebracht. Den will ich euch jetzt nicht vorenthalten.

SCHÜLER

KEIN FACT, NUR MEIN LIEBLINGSWITZ VON DAMALS:

ICH: »HERR OBER, ICH HABE DAS GEFÜHL
MEIN STEAK WIRD IMMER KLEINER!«
OBER: »OPTISCHE TÄUSCHUNG!
WIR HABEN UNSER LOKAL VERGRÖSSERT!«

Wenn du dich von deinem Lachflash erholt hast, zurück zu was Seriösem. Ernsthaft, in einer Schülerzeitung haben natürlich auch politische Themen ihre Berechtigung.

Im Laufe meiner Schuljahre war ich an einigen Schulzeitungsprojekten beteiligt. In einem haben wir mal über unseren Besuch im KZ Dachau geschrieben.

Die Themenbereiche für eine Schülerzeitung sind quasi unendlich. Wir haben auch mal verschiedene Berufe vorgestellt und über die Probleme unseres Tierparks berichtet. Alles möglich.

Wenn es an deiner Schule noch keine Schülerzeitung gibt, dann gründe doch selbst eine. Indem du eine AG/AK ins Leben rufst, zum Beispiel. Wie das geht, weißt du ja. Einen Versuch ist es wert!

SCHREIBEN

ZEITUNG

GUTER CONTENT FÜR WENIG GELD

Hast du Lieblingsplattformen, auf denen du dir deine Infos holst? Klar, im Netz kennst du die üblichen Verdächtigen wie Wikipedia. Oder hast du schon mal online Zeitungen oder Nachrichtenmagazine gelesen?

Wenn du dir verschiedene Artikel zu ein und demselben Thema anschaust, wirst du feststellen, dass auch seriöse Medien auf unterschiedliche Weise berichten – manche eher sachlich, andere ganz schön reißerisch.

Call-to-Action:

WER SCHREIBT WIE?

BILD vs. *Süddeutsche Zeitung* – mach den Test! Such dir irgendein Thema, über das in beiden berichtet wird, und guck dir die Texte genau an. Oft erkennst du schnell, wie unterschiedlich sie über das gleiche Thema schreiben. Das kann wirklich sehr interessant werden.

Grundsätzlich ist es egal, wie die Information verpackt wird, Hauptsache, die Aussage stimmt. Und das ist der Kern der Sache: Das tut sie oft nicht! Wie du eine Chance hast, Fake News zu erkennen, dafür findest du ab Seite 80 noch eine Menge Tipps. Aber jetzt gucken wir erst mal: Wo bekommst du vertrauenswürdige Informationen?

Liegen bei euch zu Hause Zeitungen herum? So was wie *Die ZEIT* oder *Der Spiegel*, meine ich. Oder eure Stadtzeitung. Liest du da manchmal rein? Egal, welche der großen Tageszeitungen oder politischen Magazine du dir mal näher anschauen möchtest, du findest sie alle auch online. Und du machst auch nichts falsch damit, dir im Netz deine ersten Infos zu holen.

Unabhängig davon, ob Nachrichten schlicht oder provokant serviert werden, eine Gemeinsamkeit gibt es dann doch: **Berichterstattung kostet Geld**. Ist ja auch klar: Jede Reporterin, die in der Welt Informationen sammelt und mit Leuten spricht, und jeder andere Angestellte einer Zeitung muss was verdienen. Außerdem muss der Zeitungsverlag die Reisen bezahlen, die Büroräume, die Computer, die Telefone, die Zeitungsverkäufer und alles andere, was nötig ist, bis eine Zeitung bei euch auf dem Wohnzimmertisch oder dem Tablet landet.

Auch *Instagram*® & Co müssen Geld verdienen – wie alle anderen KOSTEN-LOSEN SOCIAL-MEDIA-PLATTFORMEN. Das machen sie unter anderem mit Werbung. Die wird als Post in deinem Feed oder zwischen *Instagram*®-Stories eingeblendet, damit du sie siehst und draufklickst. Wie hoch die Einnahmen von *Instagram*® sind, ist nicht bekannt. Aber Analysten schätzen, dass die App allein im Jahr 2019 rund 20 Milliarden US-Dollar Umsatz mit Werbung gemacht hat.

Deshalb stehst du bei seriösen Online-Zeitungen schnell vor einer »Bezahlschranke«. **Das heißt, du musst die Zeitung abonniert haben, um alle Artikel lesen zu können.** Das ist für Jugendliche zwar billiger als für Erwachsene, aber natürlich ein Problem. Will ich mein Taschengeld wirklich dafür ausgeben?

Aber jetzt kommt die gute Nachricht! **Es gibt auch eine Möglichkeit, ohne große Kosten an gute Informationen zu kommen.** Wenn du dich allgemein über ein Thema informieren möchtest, kannst du dir Bücher in der Stadtbücherei ausleihen, auf Papier oder als E-Book lässig von zu Hause aus. Dort findest du übrigens auch Zeitungen und Zeitschriften. Entweder, du gehst zum Lesen hin, oder du leihst dir die E-Paper aus.

Vom aktuellen, tagespolitischen Geschehen bekommst du so aber natürlich nicht sofort etwas mit. Da musst du anders rangehen. Ich nutze auf meinem Smartphone einige Apps, die ich regelmäßig lese, um immer auf dem neuesten politischen Stand zu sein.

Leider haben viele Apps der großen Online-Zeitungen diese Bezahlschranke. Aber oft wird auch eine abgespeckte Version angeboten, die man kostenlos lesen kann. Um auf dem Laufenden zu bleiben, genügen auch die kostenlosen Versionen. Völlig kostenlos sind übrigens die Apps der öffentlich-rechtlichen Fernsehsender, die *Tagesschau®*-App zum Beispiel.

SÜDDEUTSCHE ZEITUNG   **NTV**
WELT   **TAGESSCHAU**
DER SPIEGEL   **ZDFHEUTE**

Call-to-Action:

NEWSROOM

Die Auswahl bei den Nachrichten-Apps ist schier unendlich. Von lokalen Berichten bis zu Berichten aus aller Welt ist alles dabei. Gib einfach bei deiner App-Suche das Wort »Nachrichten« ein und probiere es aus. Ich bin sicher, dass du eine App finden wirst, die dir zusagt und die du gerne lesen wirst.

→ 16 LÄNDER, 16 SCHULSYSTEME UND NULL DURCHBLICK

Jetzt haben wir uns lange mit der Frage beschäftigt, ob du Politikunterricht an der Schule hast und wenn ja, wie er aussieht. Hast du schon mal darüber nachgedacht, dass deine Antwort vielleicht damit zusammenhängt, wo du wohnst?! Kein Witz!

Ich nenne dir jetzt mal das Stichwort, zu dem ich dir auf den nächsten Seiten was erzählen möchte: Bildungsföderalismus. Du hast das Wort sicher schon mal gehört, aber weißt du auch, was es wirklich bedeutet?

Ich sag mal so: Es gibt keine einheitlichen Regeln für die Bildung und die Schulen in ganz Deutschland.

Jedes Bundesland kocht seine eigene Suppe.

Überall blubbert es auf den Landes-Herden, immer ist was versalzen, viel zu fettig, angebrannt oder schon aufgegessen.

FÖDERALISMUS

FÖDERALISMUS nennt man das Prinzip der Teilung von Aufgaben und Zuständigkeiten im Staat, zum Beispiel in den Bereichen Justiz, Polizei und Bildung. Politische Entscheidungen werden entweder auf Bundesebene (also von der Bundesregierung in Berlin) oder auf Landesebene (z. B. von der Landesregierung in Niedersachsen oder der in Bayern) getroffen. Bildung, also auch Schule, ist in Deutschland weitgehend Ländersache. Zuständig ist hier das jeweilige Kultusministerium des Landes. Immerhin: Die setzen sich in der Kultusministerkonferenz regelmäßig freiwillig zusammen, um über Bildungs- und Schulangelegenheiten zu sprechen.

Das hört sich vielleicht jetzt etwas negativ an. Aber ist der Bildungsföderalismus wirklich nur negativ? Ich würde sagen, um die Frage zu beantworten, brauchen wir erst mal einen Einblick in unser Bildungssystem.

INSTA-INSPO

Wie du gesehen hast, kannst du gute Apps finden, um dich über das Wichtigste vom Tag zu informieren. Aber im Netz findest du natürlich noch mehr kostenlose Angebote, bei denen es schon wieder schwieriger wird, einen Überblick zu behalten. Guck immer erst, was es alles gibt, wenn du dich für ein Thema interessierst.

Schau deine eigenen Listen durch: Wem folgst du und warum? Sind bei dir auch politische Accounts am Start? **Auf Social-Media-Kanälen solltest du Augen und Ohren ganz aufklappen, bevor du das glaubst, was gepostet wird.** Andererseits bieten Social Media super Möglichkeiten, sich zu informieren.

LIVE DABEI IM POLITISCHEN TAGESGESCHEHEN BIST DU, WENN DU BUNDESPRESSEKONFERENZEN SCHAUST. ZIEH DIR DAVON MAL EINE REIN. WENN DU ES SCHAFFST, DABEI NICHT EINZUSCHLAFEN, DANN GEHÖRST DU ZU DEN GANZ HARTEN!

... AUF INSTAGRAM®:

NACHRICHTENLEICHT   **JETZT**
DIE.DA.OBEN   **KATAPULTMAGAZIN**
FUNK

Klar bietet *Instagram*® nicht die ultimative Mega-Info, aber dafür eine Menge Unterhaltung! Mach dir klar: **Das grundsätzliche Problem auf *Insta* ist, dass der Informationsgehalt auf das Minimale gekürzt ist.** Politische Themen sind vielschichtig. Da reicht eine kurze und dramatische Schlagzeile nicht, um den kompletten Inhalt wiederzugeben.

Trotzdem nutze ich die »Info to go« sehr gerne, weil mich immer wieder spannende Schlagzeilen neugierig machen auf ein Thema. Wenn ich dann ein Thema interessant finde, steige ich auf einer anderen Plattform tiefer ein.

TIPP:
Lass dich einfach von *Insta* inspirieren, es ist tatsächlich ein guter Anfang.

Außerdem folge ich auf Insta Politikern sämtlicher Parteien. Denn auch hier kann man nicht nur was über ihre verschiedenen Meinungen erfahren, sondern man bekommt auch oftmals kleine private Einblicke. Auch ganz schön.

Instagram®
= visuelle
(= Bild-)
Kommunikation

→ ERST MAL EINEN PLAN MACHEN! EINEN?!

Nicht wenige Politikerinnen sind sicher der Meinung, dass unser Schulsystem gut ist, so wie es ist, weil es sich ihrer Meinung nach seit Jahrzehnten bewährt hat.

Aber hat es das wirklich?

Gehen alle Kinder und Jugendlichen mit einem Lächeln auf den Lippen in die Schule und kommt jeder Schüler am Schuljahresende happy mit seinem Zeugnis nach Hause? Hat jeder die Chance auf einen Schulabschluss? Fällt allen der Übergang von der Schule zum Beruf oder zum Studium leicht?

Ich glaube, das kann jeder mit »Nein« beantworten. Es gibt viel Frust: durch zu viel oder den »falschen« Lehrstoff, fehlende Lehrmittel – und seit Jahrzehnten nicht erneuerte Schulklos. Für die meisten Politiker hat sich das Schulsystem anscheinend trotzdem bewährt.

Denn wenn es nicht so wäre, hätte man es in der Vergangenheit ja wohl geändert. Oder?

Ich sag mal erst, was ich darüber denke. So, wie sich die Welt und die Menschen im Laufe der Zeit verändern, müsste auch unser Schulsystem mal einen Schubs weg aus

42

LEHRPLAN

der Kreidezeit in Richtung Gegenwart bekommen. Damals war es in Erdkunde vielleicht sinnvoll, mit dem Finger auf der Weltkarte die Länder zu erkunden.

Aber heute geht mehr: Du kannst überall in Büchern, im Fernsehen und im Netz etwas über die entferntesten Teile der Welt lesen, sehen und lernen. Inzwischen kannst du ja sogar virtuell um die Welt reisen und Dinge auf völlig neue Arten erfahren.

Davon ist im Klassenzimmer aber oft noch nichts angekommen.

Was nicht heißen soll, dass man nur mit den neuesten technischen Mitteln gut lernen kann. Mit Kreide und Tafel lasst sich auch viel erklären. Eigentlich geht es auch gar nicht um die Frage, ob man besser damit oder mit dem Laptop lernen kann. Sondern darum:

Wie bereitet mich die Schule am besten auf das Leben vor?

Und in der digitalen Welt, in der wir leben, ist es eben sinnvoller, die technischen Möglichkeiten schon in der Schule zu nutzen. Logisch, oder?

Aber jetzt mal ganz langsam und von vorne, wie das Lernen bei uns organisiert ist. Grundsätzlich stellt jedes Bundesland – und davon gibt es immerhin 16 Stück –

seine eigenen Lehrpläne auf, mit jeweils verschiedenen Schwerpunkten.

Man kann sagen: Es existieren Hunderte verschiedener Lehrpläne für mehr als 30 verschiedene Schularten – Regionalschulen, Hauptschulen, Regelschulen, Stadtteilschulen, Sekundarschulen ... Ich blick da nicht durch. Du?

Deshalb gibt es auch von den Klassenarbeiten bis hin zu den Prüfungen deutschlandweit große Unterschiede. Sogar die Schulabschlüsse haben von Bundesland zu Bundesland andere Bezeichnungen.

Und das alles führt letztendlich auch zu unterschiedlichen Schwerpunkten und Bewertungskriterien bei Klassenarbeiten und Prüfungen in den verschiedenen Bundesländern. Zusätzlich sehen die Ausstattungen in den Klassenzimmern nicht nur in jedem Bundesland anders aus. Manche Schulen sind technisch schon sehr viel weiter als andere und bieten so ganz andere Möglichkeiten zu lernen.

Wäre es nicht viel gerechter, wenn alle Schüler die gleichen Voraussetzungen hätten?

Absolut, aber die andere Frage ist, ob »Gerechtigkeit« bei so vielen Zuständigkeiten (du erinnerst dich: 16 Bundesländer!) wirklich realistisch umsetzbar wäre. Also gleiche

Voraussetzungen für alle Schülerinnen an allen Schulen: gleiche Lehrpläne, die gleichen technischen Hilfsmittel, und alle Lehrerinnen unterrichten gleich.

Noch kurz eine andere Sache, die aber auch zu der Frage nach der Chancengleichheit und Gerechtigkeit in der Schule gehört: das Thema Inklusion.

INKLUSION bedeutet: Jeder Mensch gehört dazu, keiner wird ausgeschlossen. In der Schule heißt das: eine Schule für alle, behinderte und nicht behinderte Kinder lernen zusammen.

Bis vor ein paar Jahren konnten Kinder und Jugendliche mit einer Behinderung oder Lernschwächen nur auf Förderschulen gehen. Heute haben alle das Recht, gemeinsam eine Schule zu besuchen. Das klappt inzwischen an vielen Schulen in Deutschland – und an noch mehr in anderen Ländern – schon ziemlich gut.

Es hat sich herausgestellt, dass das gemeinsame Lernen Kindern mit Förderbedarf in vielen Fällen sehr gut tut. Und den anderen auch! Denn die Lehrer müssen sich genau überlegen, wie sie *jedem* Kind in der Klasse die besten Möglichkeiten zum Lernen geben. Davon profitieren alle.

Und sie kriegen mit, dass es ganz normal ist, dass nicht alle gleich sind.

Ich denke, es lohnt sich, in die Richtung weiterzudenken und weiterzumachen. Denn wer eine Gesellschaft haben will, in der alle einen Platz finden, sollte damit in der Kita und in der Schule loslegen. Auch wenn das nicht immer gleich klappt und viele Fragen erst nach und nach beantwortet werden können.

Du merkst es schon selbst: Die Unterschiede bestehen nicht nur zwischen den Bundesländern.

Selbst die Schulen in einer Stadt haben keine vergleichbaren Voraussetzungen!

Jede sieht anders aus. Und dass alle Lehrerinnen unterschiedlich unterrichten, ist eh klar. Du siehst, so einfach wäre »Gerechtigkeit« gar nicht herzustellen.

Was sagt uns das jetzt über den Bildungsföderalismus? Wäre Gerechtigkeit möglich – trotz Bildungsföderalismus? Ein bisschen schon, rein theoretisch jedenfalls. Und praktisch?

Lass uns mal etwas tiefer einsteigen, um die Frage zu beantworten.

Warum haben wir denn überhaupt den Bildungsföderalismus in Deutschland?

Es hat einen wichtigen Grund, dass nicht die Bundesregierung in Berlin entscheidet, was zum Beispiel in der Grundschule in Castrop-Rauxel (und in allen anderen Grundschulen, die bundesweit verstreut sind) passieren soll, sondern jedes Bundesland selbst.

Es hat was damit zu tun, wie es unter den Nationalsozialisten oder in der DDR ablief. Wir dürfen nicht vergessen: Da hat die Regierung Schulen, Lehrer und Schülerinnen durch die Lehrinhalte im ganzen Land massiv mit ihrer Propaganda beeinflusst, damit sie das herrschende System (das keine Demokratie war!) nicht infrage stellten.

Das darf so nicht noch mal passieren, deshalb ist die Verantwortung heute auf viele Schultern verteilt.

Man könnte sagen: Durch den Bildungsföderalismus haben Schüler bessere Chancen auf unzensierte Bildung, die ihnen die Tür zu einer eigenen Meinung öffnet.

Aber wie du weißt, bringen die vielen Zuständigkeiten auch Probleme und Ungerechtigkeiten mit sich. Ich habe mich vor einiger Zeit mit Christian Wulff darüber unterhalten. Er war früher Ministerpräsident von Niedersachsen und Bundespräsident. Bildung ist nicht sein Spezialgebiet, aber er weiß, dass in der Bildungspolitik nicht alles rosig ist.

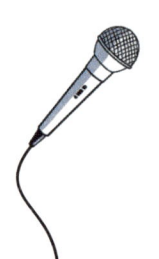

Dass die große Vielfalt der Schulsysteme in Deutschland auch Probleme beinhaltet, bemerkt man als Schüler vor allem dann, wenn man von einem Bundesland in ein anderes umzieht und der Lehrplan plötzlich vollkommen anders aussieht.

CHRISTIAN WULFF

Herr Wulff machte mir gegenüber kein Geheimnis daraus, dass die Politik die Schwierigkeiten kennt, die durch den Bildungsföderalismus entstehen. Deshalb wird auch in der Regierung immer wieder darüber diskutiert.

REFORM? SCHWIERIG ...

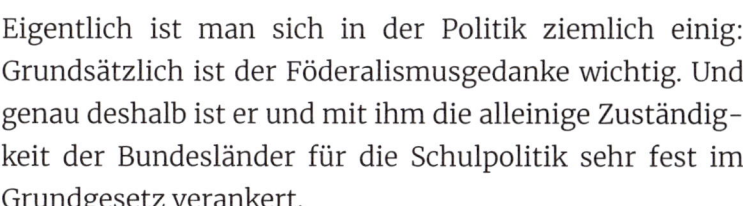

Eigentlich ist man sich in der Politik ziemlich einig: Grundsätzlich ist der Föderalismusgedanke wichtig. Und genau deshalb ist er und mit ihm die alleinige Zuständigkeit der Bundesländer für die Schulpolitik sehr fest im Grundgesetz verankert.

Tja, aber das macht es der Politik nun leider nicht leichter, unser Bildungssystem zu modernisieren und gerechter zu machen oder kurz gesagt: zu reformieren.

Wie Herr Wulff mir gesagt hat, kennt die Politik die Problematik. Aber trotzdem wurde noch nicht viel daran geändert. Der Hauptgrund dafür ist, dass man für eine Föderalismusreform eine Zweidrittelmehrheit im Bundestag bräuchte, weil man dadurch ja auch etwas im Grundgesetz ändern würde – und da ist die Hürde natürlich hoch.

So eine Mehrheit zu bekommen ist schwierig, deswegen gab es solche Reformen bis jetzt auch noch nicht so oft.

Aber manchmal geht doch was ...

Beim Thema Bildung waren sich lustigerweise mal zwei Oppositionsparteien im Bundestag einig, die sonst eigentlich überhaupt keine Berührungspunkte haben: *FDP* und *GRÜNE.* Diese zwei haben sich 2018 zusammengetan

49

GRUNDGESETZ

und einen gemeinsamen Vorschlag gemacht. Also ziemlich beste Feinde mal im Einklang!

FDP und *GRÜNE* schlugen damals vor, das Kooperationsverbot aufzuheben. Kooperationsverbot bedeutet, dass die Länder für die Bildung nicht nur allein zuständig sind, sondern auch alles dafür selber finanzieren müssen. Selbst wenn der Bund den Ländern Geld für die Schulen geben wollte, dürften die Länder es nicht annehmen.

Und das sollte nach Meinung von *Grünen* und *FDP* geändert werden. Und zwar, um Schulgebäude zu sanieren und die technische und digitale Ausstattung der Schulen in Deutschland zu verbessern.

Zumindest ein bisschen was davon wurde auch tatsächlich umgesetzt. Die Bundesländer und der Bundestag einigten sich 2019 auf den sogenannten »DigitalPakt Schule«.

Dafür mussten Bundestag und Bundesrat vorher das Grundgesetz ändern!

Schon krass, oder? Für den DigitalPakt hat der Bund den Bundesländern 6,5 Milliarden Euro bis 2024 zur Verfügung gestellt. Jede der 40.000 Schulen in Deutschland könnte also 137.000 Euro bekommen. Bis jetzt haben seltsamerweise nur wenige Schulen das Geld beantragt. Wie sieht es an deiner Schule aus?

→ DIGITAL FATAL ODER DIE SCHULE DER ZUKUNFT?

Geld ist durch den DigitalPakt also da, um alle Schulen digital besser auszustatten. Das war auch schon vor der Corona-Pandemie so. Doch die Pandemie hat gezeigt, wo die Digitalisierung im Moment an ihre Grenzen stößt.

Der digitale Unterricht im Homeschooling fiel jedenfalls knallhart durch.

Müsste man eine Schulnote vergeben, läge die leider irgendwo zwischen mangelhaft und ungenügend.

Ein Grund dafür ist, dass die Bundesländer unterschiedliche Lernplattformen für den digitalen Unterricht benutzen. Und auf praktisch allen kam es zu brutalen Problemen, oft lief gar nichts. Da kam man erst gar nicht drauf oder die Server waren einfach überfordert, wenn gleichzeitig alle darauf zugriffen.

Die Leidtragenden waren wir, also die Schulen, die Lehrer und vor allem wir Schüler und manchmal auch unsere Eltern.

Livias Life

Bei mir war es leider so: Unsere Schulplattform war sowieso nur dafür da, Unterrichtsmaterialen auszutauschen. Manchmal wurden Arbeitsblätter aber auch über E-Mail verschickt, weil es anders mal wieder nicht funktionierte. Den Onlineunterricht, also unser virtuelles Klassenzimmer, machten wir über eine Videokonferenz-Plattform, die unsere Schule anbot. Dabei gab es immer wieder Bild- oder Tonstörungen.

Wie hat bei euch der digitale Unterricht geklappt?

Eines wurde für mich ziemlich klar – nichts kann den Präsenzunterricht ersetzen. Ich weiß noch, wie ich mich gefreut habe, endlich wieder meine Klasse live und vor Ort zu sehen.

Ich hätte niemals gedacht, dass mal eine Zeit kommen würde, in der wir die Schule richtig vermissen würden. Unglaublich!

Okay, das waren jetzt erst mal nur die Probleme mit den Lernplattformen. Digitales Homeschooling heißt aber auch, dass jeder Schüler zu Hause einen einigermaßen tauglichen Computer, Drucker usw. braucht. Und da war schon das nächste Problem:

Es hat doch nicht jeder einen eigenen Laptop!

Das hat unter anderem etwas mit den finanziellen Möglichkeiten der Schülerinnen und deren Familien zu tun. Oder es gibt zwar einen Laptop zu Hause, aber drei Geschwister müssen ihn sich teilen. Manche haben auch kein eigenes Zimmer, um ungestört lernen zu können. Bildungsgerechtigkeit sieht für mich anders aus.

LIVIAS LIFE

Auch in meiner Klasse war ein Schüler, der die gesamte Homeschooling-Phase nur mit seinem Smartphone bewältigen musste. Klar, dass er so natürlich keine Chance hatte und das Jahr wiederholen musste. Der soziale Nachteil wurde zur Benachteiligung bei der Bildung. Nie war für mich klarer zu sehen, dass es leider keine Bildungsgerechtigkeit gibt und es hier noch viel nachzuholen gibt.

Bildungsgerechtigkeit bei uns? Hat leider auch nur eine Note verdient: Ungenügend! Schon die zweite miese Note in diesem Kapitel.

Jetzt kann man sich natürlich fragen: Warum haben die Bildungsminister der Länder die Schulen nicht schon früher so digitalisiert, dass es auch funktioniert? Die Frage ist total berechtigt, aber ich bin mir nicht mal sicher, ob man diese Frage überhaupt beantworten kann.

SCHOOLING

Denn ich glaube nicht, dass die Politik die Digitalisierung verbummelt, versemmelt oder versäumt hat, um uns Schüler mal so richtig zu ärgern oder viele Eltern genüsslich auf die Palme zu bringen.

Ich gehe eher davon aus, dass man das alles einfach nicht so dringend fand und deshalb keinen Wert auf richtig gutes Projektmanagement gelegt hat. Es konnte ja schließlich keiner ahnen, dass ein Virus um die Ecke kommt und die Welt auf den Kopf stellen wird ...

Eine Frage bleibt aber für die Zukunft: Was hat die Politik daraus gelernt? Wir werden sehen.

Gibt es denn auch was Positives? Vielleicht ja. Ich glaube, dass durch die Pandemie ein Anreiz entstanden ist, den Unterricht schneller zu modernisieren, als es sonst passiert wäre.

Das könnte zum Beispiel heißen, die Lernplattformen künftig auch im normalen Präsenzunterricht einzusetzen.

Niemand sollte künftig mehr auf Unterricht verzichten müssen, nur weil er wegen einer Krankheit oder aus einem anderen Grund längerfristig nicht in die Schule gehen kann. Über die neuen, hoffentlich gut funktionierenden Lernplattformen könnten die Schulen auch Online-Nachhilfe oder Hausaufgabenbetreuung anbieten.

Aber vor allem müssen Kinder und Jugendliche aus sozial schwierigen Verhältnissen unkomplizierter unterstützt werden. Denn Bildungsgerechtigkeit ist ein Zukunftsthema.

Wer in der Schule keine Chance bekommt, wird es auch später schwer haben.

Ich hoffe sehr, dass »Digital fatal« bald endlich der Vergangenheit angehört und der Schule der Zukunft nichts mehr im Wege steht. Und ich bin schon sehr neugierig, wie die einzelnen Bundesländer diese Aufgabe zukünftig angehen und lösen werden. Lasst uns der Politik bei diesem Thema genau auf die Finger schauen!

YOUTUBE FOR YOU

YouTube® kennst du natürlich von Sachen wie Gaming, Beauty oder Comedy. Deshalb weißt du sicher, dass da ganz schön viel oberflächlicher Kram stattfindet. Was auch absolut okay ist. Aber auf *YouTube®* gibt es noch mehr. **Nämlich richtig seriösen und informativen Content!**

Du kannst dir eine Tagesschau aus deinem Geburtsjahr angucken oder den Moment, als die Berliner Mauer geöffnet wurde, oder eine Rede von Angela Merkel. Alles da!

MRWISSEN2GO
MRWISSEN2GO-GESCHICHTE
MAILAB
POLITIK – ABER GEIL!

MrWissen2go und *MrWissen2go-Geschichte* von Mirko Drotschmann gehören zum Supercontent. Die Channel wurden schon oft ausgezeichnet, weil sie sich nicht nur für politische Bildung kreativ einsetzen, sondern auch gegen Fremdenhass und Homophobie positionieren.

Mirko kenne ich übrigens schon seit vielen Jahren. Er war es auch, der mich damals als Anfängerin darin bestärkt hat, meinen Blog auch für politische Themen zu nutzen.

Es ist einerseits spannend, über aktuelle Themen zu reden, die die Welt bewegen, und andererseits die Möglichkeit zu haben, jungen Menschen diese Themen näherzubringen und sie im besten Fall dafür zu begeistern.

MIRKO DROTSCHMANN

In *maiLab* sind Naturwissenschaften – vom Impfen über Tierversuche bis zur Genetik – die Themen von Mai Thi Nguyen-Kim. Also, ich sag mal so: Wenn sie es schafft, mir die Naturwissenschaften so näherzubringen, dass es mir Spaß macht und ich sogar alles nachvollziehen kann, dann macht sie einen echt guten Job!

Beim *YouTube*®-Channel POLITIK - aber GEIL! von Marvin Neumann dreht sich alles um die deutsche Parteipolitik. Er nimmt die Parteien unter die Lupe. Nicht nur die großen, sondern auch die kleinen.

Aber es gibt nicht nur *YouTube*®-Channel mit seriösem politischem Content. Denn auf *YouTube*® werden auch Videos gepostet, die nur das Ziel haben, die User durch falsche oder verdrehte Tatsachen und mit sehr aggressiven und militanten Ausdrucksweisen in eine bestimmte Richtung zu beeinflussen. Wie du erkennst, ob es sich bei solchen Clips um Fake-News handelt, kannst du auf Seite 94 lesen.

→ MEIN FAZIT ZUR BILDUNGSPOLITIK

Ich weiß, das Thema Bildungspolitik hat sich am Anfang ziemlich trocken angehört. Deshalb war es für mich wichtig, dir dazu etwas zu erzählen. Ich hoffe, der Eindruck hat sich für dich jetzt zumindest ein bisschen geändert.

Denn Bildung ist der Bereich der Politik, der uns junge Menschen am meisten betrifft. Wir spüren die Auswirkungen von guter und schlechter Schulpolitik ziemlich direkt.

Es ist ja nicht erst seit Corona bekannt, dass unser Schulsystem einige Baustellen hat. Und die hat Corona gnadenlos sichtbar gemacht. Durch den Föderalismus ist es wahnsinnig schwer, etwas daran zu ändern.

Ich finde es ist aber wichtig, immerhin zu wissen, warum das Schulsystem ist, wie es ist, und warum es so lange dauert, es zu reformieren.

Nur darüber zu schimpfen ist ja auch keine Lösung.

Wenn es politisch so schwer ist und Änderungen so lange dauern, dann müssen eben wir selbst schon mal anfangen, unseren Schulalltag besser und gerechter zu machen. Vielleicht lässt du dich auch mal zur Klassensprecherin wählen, so wie ich? Auch das ist Politik. Politik im Kleinen. Das ist der Anfang.

58

DIE POLITIK, DIE DEMOKRATIE UND DU

 Politik? Voll öde, damit hab ich nichts am Hut. Zocken ist meine Politik, sonst nix.

Vielleicht ist Zocken ja auch *dein* Ding. Oder du kennst jemanden, der nichts anderes macht. Aber ist man auch unpolitisch, wenn man zu nichts anderem Lust hat? Ich behaupte mal: nö.

Unpolitische Menschen gibt es nicht.

Auch wenn du dich nicht für Politik interessierst, ist das eine politische Entscheidung und hat Auswirkungen.

Aber wir fangen mal ganz langsam und von vorne an. Politik versteckt sich überall in deinem Alltag. Über Politik in der Schule haben wir uns ja schon im letzten Kapitel Gedanken gemacht, Digitalisierung und so, du erinnerst dich.

Aber auch an Orten und in Momenten, wo du sie mit Sicherheit nicht vermuten würdest, ploppt Politik vor dir auf.

»Hä? Das kann doch nicht sein. Wenn das so wäre, müsste ich das doch wissen!«, sagst du jetzt bestimmt. Genau das habe ich auch mal gedacht. Aber tatsächlich fängt schon morgens alles an, gleich nach dem Aufstehen.

→ ALLES IST POLITIK

Ist dir klar, dass dein Müsli hochpolitisch ist?

Schnippelst du saisonales, regionales Obst rein? Woher kommen die anderen Zutaten? Werden die Schokopops vielleicht mit Kakao hergestellt, der von Kindern in armen Ländern geerntet wird?

All das sind politische Fragen, die irgendwo entschieden werden, in der »großen« Politik und von eurer Familie beim Einkaufen.

Springen wir jetzt mal eins weiter: zum Zähneputzen. Das machst du, hoffe ich doch, mit Zahnbürste und Zahnpasta. Du hast die Wahl, ob du lieber eine Zahnbürste aus Plastik oder Holz benutzt.

Hast du eine Idee, was besser ist für die Umwelt? Ich, ehrlich gesagt, erst mal nicht. Plastik ist bei der Herstellung und im Müll nicht so toll, aber für Holz werden Bäume gefällt. Auch nicht richtig cool.

Und was passiert, wenn du nach dem Frühstück aufs Zähneputzen verzichtest? Wer bezahlt die Zahnarztrechnung, wenn du das ständig machst und Zahnschmerzen bekommst? Du bist wahrscheinlich in der Krankenversicherung deiner Eltern mitversichert. Dass es die gibt und dass du auch mit drin bist, ist das Ergebnis vieler politischer Entscheidungen in der Vergangenheit.

In der Schule geht's gleich weiter mit der Politik, das hatten wir ja schon im vorigen Kapitel. Deshalb hat es jetzt hier bei uns gerade zum letzten Mal geklingelt und du bist schon auf dem Heimweg.

Du stehst an einer roten Ampel. Zugegeben, wenn du nicht überfahren werden willst, ist es empfehlenswert, sie zu beachten. Aber nimmt sie dir nicht gleichzeitig auch einen Teil deiner (Bewegungs-)Freiheit weg?

Gesetze und Regeln, die dich einerseits einschränken und dir andererseits auch Rechte geben, umschwirren dich unsichtbar (oder sichtbar wie eine Ampel) immerzu.

Und die werden von der Politik gemacht.

Noch Fragen? Ich sag ja: Politik hat viele Facetten, und sie ist überall, auch nah bei dir.

Das hast du vielleicht bisher nur nicht bemerkt.

Denn wenn wir über »die Politik« sprechen, meinen wir fast immer das, was die Politiker machen, die in den Parlamenten sitzen. Deshalb mal kurz ein Boxenstopp: Was bedeutet Politik denn eigentlich für Politiker?

ZÄHNE PUTZEN

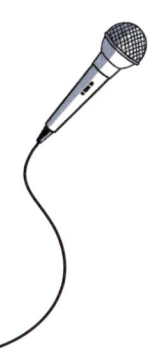

In der Politik geht es nicht um die Regelung eigener Angelegenheiten, sondern um das Ganze, um die Verantwortung aller für das Gemeinwesen. Ich höre so oft, da und dort müsse sich etwas ändern. Dadurch ändert sich aber nichts. Damit sich wirklich etwas ändert, muss ich mit anderen etwas konkret und aktiv tun: Dann steigere ich die Chance, dass sich etwas bewegt!

CHRISTIAN WULFF

Du siehst, wenn man einen Politiker erklärt lässt, was Politik für ihn bedeutet, dann kann sich das kompliziert anhören. Ist aber kein Ding, denn das muss ja nicht so bleiben. Wir gucken jetzt einfach mal.

Du hast ja schon gelesen, dass wir uns vor der Politik sowieso nicht verstecken können.

Dann lieber mit Kopfsprung rein, so richtig abtauchen und erfrischt wieder hochkommen, oder?

Aber jetzt erst noch mal tief durchatmen und zu was anderem: der Langeweile. Die gibt's in der Politik wirklich überall, guck dir nur mal Reden im Bundestag an, echt öde. Ziel jedes Politikers ist es, andere Menschen von seiner Meinung zu überzeugen. Das ist nicht leicht und Politikerinnen versuchen es auf die unterschiedlichsten Arten.

Das fängt mit Diskussionen und Lösungsvorschlägen an und hört mit dem Kleben von Wahlplakaten nicht auf. Dazwischen liegt auch noch ganz viel Verwaltungs- und Organisationskram, der jetzt auch nicht soooo spannend ist.

Aber ich hab mir ja vorgenommen, dir in diesem Kapitel zu zeigen, dass Politik auch aufregend sein kann. Du wirst sehen!

Gleich das erste Beispiel. Wenn Politiker anfangen, wirklich heftig zu diskutieren, dann kann es schon mal ziemlich unfreundlich werden. Beispiel gefällig?

Was im Kindergarten niemals funktionieren würde, ist Normalität in der Bundesregierung.

JAMILA SCHÄFER

So kann Empörung über einen politischen Skandal aussehen. Jamila Schäfer von den *GRÜNEN* fand es nicht lustig, dass der damalige Präsident des Verfassungsschutzes Kontakte zur *AfD* hatte. Er wurde dann übrigens befördert statt gefeuert. Hm.

Ein Mann, bekannt für verbale Ausfälle, abstruse Ideen und eine wirre Frisur: Horst Seehofer, der Donald Trump Bayerns.

KATJA KIPPING

Wie du siehst, kann auch Katja Kipping von der *LINKEN* ordentlich austeilen, in dem Fall gegen den Bundesinnen-minister von der *CSU*, an einem politischen Aschermitt-woch. Diesem Seitenhieb siehst du auf 100 Kilometern Entfernung an, dass *DIE LINKE* und die *CSU* zwei ziemlich beste Feinde sind, oder?

Manche Politiker kämpfen wirklich mit allen sprachlichen Mitteln. Bei fast jedem Thema gibt es ein Pro und ein Con-tra. Und manchmal wird eben auch abseits der Fakten und sachlichen Meinungen diskutiert.

Der **POLITISCHE ASCHERMITTWOCH** ist mittlerweile ein Brauch der großen Parteien in ganz Deutschland. Die Parteien laden direkt nach dem Fasching, also am Aschermittwoch, in der Regel immer am gleichen Ort ihre Anhänger ein. Und dann teilen sie vor ihren »Fans« gegen die anderen Par-teien verbal knallhart aus.

Da spielt bestimmt oft echte Wut oder Frustration eine Rolle – oder das Ziel, Menschen über die emotionale Ebene und mit kleinen und großen Seitenhieben auf den politischen Gegner für sich zu gewinnen. Manchmal bleiben dann genau diese Sticheleien in den Köpfen der Leute hängen. Ziel erreicht!

Das mit der Langeweile in der Politik stimmt also zumindest nicht immer.

Nachher mehr dazu. Aber erst mal: nächster Punkt.

Warst du eben überrascht, dass auch du eigentlich täglich politische Entscheidungen triffst? So gesehen gibt es also eigentlich keinen unpolitischen Menschen. Auch Nichtstun und Nichtentscheiden sind politische Handlungen – denn dann entscheiden immer nur andere für dich.

KRIMI: POLITIK

Call-to-Action:

IST ZOCKEN POLITISCH?

Wenn du dir genau überlegst, was am Zocken politisch sein kann, wirst du überrascht sein, wie viele Punkte du findest. Ein paar Denkanstöße: Herstellung der Konsolen in armen Ländern, Umweltbelastung, FSK-Freigabe, Gewaltdarstellung in den Spielen ... Was fällt *dir* dazu ein?

....

....

....

....

....

....

....

....

ORDENTLICH AUF DIE OHREN: PODCASTS

Podcasts sind in den letzten Jahren zu einem Riesentrend geworden, deshalb erzähle ich dir hier auch ziemlich viel dazu.

Podcasts werden immer erfolgreicher, weil sie mir als Macherin erlauben, inhaltlich in die Tiefe zu gehen und auch mal sehr persönlich zu werden, und weil man sie als Hörerin trotzdem einfach in den Alltag einbauen kann.

EVA SCHULZ

Außerdem legen viele Podcast-Macher auch echt großen Wert auf Seriosität.

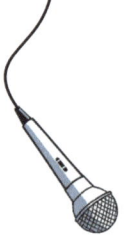

Zum Beispiel die Podcasts der öffentlich-rechtlichen Sender, zu denen auch unser Deutschlandfunk gehört, oder der großen Tageszeitungen können sich auf ein großes Netzwerk von Korrespondenten verlassen und beziehen zusätzliche Infos von den großen Nachrichtenagenturen wie der dpa, Reuters oder Associated Press. Das garantiert Seriosität.

PHILIPP MAY

Ich hab dir mal ein paar Podcast-Tipps zusammengestellt. Es gibt welche mit allgemeinen Nachrichten oder Interviews. Aber auch so was wie Mission Energiewende vom Internetradio *detektor.fm*, das die Themen Klimawandel und neue Energielösungen in Deutschland thematisiert. Hier geht es zum Beispiel darum, wie Jugendliche den Klimawandel oder die Klimapolitik erleben und welchen Einfluss die Wirtschaft auf unser Klima hat.

DEUTSCHLAND3000 (EVA SCHULZ)

DEUTSCHLANDFUNK – DER TAG (U. A. PHILIPP MAY)

AUF DEN PUNKT (SÜDDEUTSCHE ZEITUNG)

JUNG & NAIV (THILO JUNG)

MISSION ENERGIEWENDE (DETEKTOR.FM)

Aber so gut auch sehr viele Podcast sind, auf eines sollte man achten:

Gerade bei den sogenannten »Meinungspodcasts« sollte man kritisch sein. Achte hier immer darauf, ob die im Podcast vertretene Meinung auch mit nachprüfbaren Fakten unterfüttert wird und ob nicht nur eine, sondern auch die Gegenseite eines Themas dargestellt wird.

PHILIPP MAY

DEIN INTERNET-TAGEBUCH

Die eigenen Vorlieben und die Angebote im Netz ändern sich ständig. Vielleicht sind deine heutigen Lieblingskanäle in einem Jahr für dich schon Schnee von gestern – oder es gibt sie gar nicht mehr. Mach doch mal den Test: Schreib hier und jetzt deine liebsten Instagram®-Seiten, *YouTube*®-Kanäle und Podcasts auf, mit Datum. Dann stellst du dir in deinem Handy ein, dass du in einem halben oder ganzen Jahr erinnert wirst, deine Accounts zu checken: Na, was hat sich verändert?

71

→ MEHR EINFLUSS – ABER WIE?

Politik steckt also überall in unserem täglichen Leben. Und irgendwie hab ich das Gefühl, es hat Vorteile, wenn man sich ein bisschen in der politischen Welt auskennt, in der kleinen und der großen.

»Was kann ich als Einzelne schon erreichen?«, denkst du jetzt. Und damit bist du nicht allein, ich frag mich das auch ganz schön oft. Aber es ist doch so:

Es kann nicht schaden, einfach anzufangen!

Verbündete finden sich dann fast von allein, und du sitzt oder läufst vielleicht schon bald mitten in einer Riesendemo durch die Gegend.

LIVIAS LIFE

Auf Seite 122 kannst du nachlesen, wie ich zum Bloggen gekommen bin. Spoiler: Es fing mit Nagellack an ...

Als ich dann 2015 die vielen Hundert Flüchtlinge im Münchner Hauptbahnhof sah, wurde mir bewusst, dass irgendwas nicht richtig läuft. Und da kam mir auch das erste Mal der Gedanke, einem Politiker Fragen zu stellen. Ich muss ehrlich sagen, dass ich am Anfang gedacht habe, dass mir eh kein Politiker zuhören würde.

ANFANGEN

Der erste, den ich angeschrieben habe, war der damalige zweite Münchner Bürgermeister Josef Schmid. Am nächsten Tag hatte ich schon eine Antwort und in den nächsten Jahren einen Gesprächspartner, dem ich immer eine Frage stellen konnte. Und das hat mich dann natürlich motiviert.

So kam es, dass ich mit sehr vielen Politikern aus fast allen Parteien gesprochen habe, auch über das Thema, das mir besonders am Herzen liegt. Ich werde noch erklären, warum das Wahlrecht ab 16 für mich das wichtigste politische Thema ist und warum ausgerechnet das Wahlrecht bei uns in Deutschland für Jugendliche ziemlich ungerecht ist.

Deswegen habe ich mich tatsächlich mit vielen Politikern darüber unterhalten. Ihre Ansichten dazu haben mir nicht immer gefallen, aber ich stelle langsam fest, dass immer mehr Politiker aus allen Parteien dem Wahlrecht ab 16 positiv gegenüberstehen.

Neben Demos und Bloggen gibt's auch noch andere Möglichkeiten, deine Meinung zu äußern. Du könntest zum Beispiel Unterschriften für eine Petition sammeln oder einen Aufruf zu einem bestimmten Thema starten, bei dem du etwas verbessern willst. Welche Möglichkeiten du im Netz hast, zeige ich dir auf den gelben Hashtag-Seiten, die du überall im Buch verteilt findest.

Politiker aus deinem Bezirk laden in regelmäßigen Abständen die Menschen dort zu **DISKUSSIONSRUNDEN** ein. Informiere dich doch mal, wann und wo bei dir diese Veranstaltungen stattfinden. Da hast du die Möglichkeit, »face to face« mit einem Politiker über ein bestimmtes Thema zu reden, das dir wichtig ist.

Unterstützung bekommst du auch in Jugendverbänden. In jedem Bundesland gibt es den Landesjugendring. Auch hier hast du die Möglichkeit, dich zu engagieren. Letztlich wirst du wahrscheinlich einfach ausprobieren müssen, ob und wie du dich politisch engagieren willst.

Es soll ja schließlich auch Spaß machen!

Wenn dir das alles nicht reicht, fang doch einfach mal an, groß zu denken. *Richtig* groß! Lass uns mal nach Berlin schauen.

AKTIV WERDEN

DER WEG IN DIE »GROSSE« POLITIK

»Wie wird man Politikerin – und kann ich das auch?« – die Frage liegt doch auf der Hand, oder? Ja, grundsätzlich kann jeder Politiker werden. Denn egal, welchem Beruf man nachgeht oder welchen Schulabschluss man hat: Jeder und jede kann sich in einer Partei engagieren und sich für eine Wahl aufstellen lassen.

Das fängt an mit den Wahlen zum Stadtrat oder für die Stadtbezirke und die Kreisräte in den vielen Landkreisen. Wenn du dafür gewählt wirst, bist du aber noch keine Berufspolitikerin.

Das gilt auch für die meisten Bürgermeisterinnen, außer die in den großen Städten. Bürgermeisterin ist man ehrenamtlich und bekommt dafür eine Aufwandsentschädigung, aber kein Gehalt.

Wer für diese Wahlen überhaupt aufgestellt wird, entscheidet die Partei, in der du Mitglied bist. Wenn du dich schon als Jugendlicher in der Jugendorganisation einer Partei engagiert hast, sind deine Chancen natürlich größer, ist ja klar.

Abgeordnete in den Landtagen oder im Bundestag werden für ihre Arbeit dort bezahlt. Aber nur so lange, wie sie dem Parlament angehören.

Die meisten haben vor ihrer politischen Laufbahn etwas ganz anderes gemacht.

In den verschiedenen großen und kleinen Parlamenten sind Politiker aus sämtlichen Berufsbereichen zu finden. Von Lehrerinnen und Studenten über Handwerkerinnen und Krankenpfleger bis hin zu Landwirten.

Es gibt auch einen Studiengang »Politikwissenschaften«, aber wie du siehst, muss man das Fach nicht studiert haben, um Politikerin zu werden. Das ist auch gut so.

Denn Politik zu machen ist kein Beruf, sondern eigentlich nur eine auf Zeit übertragene Verantwortung. Man kann jederzeit abgewählt werden.

Die Wege in die Politik verlaufen deshalb sehr unterschiedlich, manchmal sehr verschlungen und steinig.

Das Studium abgebrochen, keine Ausbildung abgeschlossen – und trotzdem erfolgreich in der Politik. Geht denn sogar das? Wer wählt denn jemanden, der sein Studium abgebrochen und keinen Beruf hat ... Hat man da eine Chance?

Wenn wir Kevin Kühnert (geboren 1989) von der *SPD* dazu befragten, würde er sicherlich mit »Ja« antworten. Er arbeitete nach seinem Studienabbruch nach eigenen Anga-

BERUFE. WEGE.

ben vier Jahre in einem Callcenter. »Was soll aus dem Jungen bloß mal werden?«, haben sich seine Eltern vielleicht damals gefragt.

Tja, 2019 ist der ehemalige Bundesvorsitzende der *JUSOS* sogar zum stellvertretenden Vorsitzenden der *SPD* gewählt worden – und das, obwohl er in der Vergangenheit sehr kritisch gegenüber seiner Partei war. Ich würde sagen: Gut gemacht!

Keine Ausbildung und kein Studium zu Ende gebracht zu haben, bedeutet also nicht, dass man nicht in die Politik gehen kann. Genauso heißt es nicht, dass man damit automatisch erfolgreich wird. Man könnte sagen: Alles ist möglich als Voraussetzung für den Weg in die Politik.

Gucken wir mal genauer: Wie sieht es bei den Bundesministern aus? Ich habe lange nicht verstanden, warum Politiker, die wichtige Ämter innehaben, keine beruflichen Fachkenntnisse in ihrem Bereich haben müssen.

Das heißt, man muss keine Ärztin sein, um Gesundheitsministerin zu werden.

Aber wie qualifiziert man sich dann als Ministerin?

Qualifikation ist das falsche Wort. Denn als Ministerin braucht man keinen bestimmten Abschluss oder ein Di-

AUSBILDUNG

plom, und man wird auch nicht gewählt, sondern ernannt. Okay, aber warum ernennt die Bundeskanzlerin keine Expertin als Ministerin für ein Ressort? Die Ärztin Ursula von der Leyen hätte doch gut Gesundheitsministerin werden können? Stattdessen war sie u. a. Verteidigungsministerin. Ist es als Ministerin tatsächlich so egal, ob man vom Thema Ahnung hat oder nicht?

So unglaublich das klingt: Fachwissen ist tatsächlich nicht zwingend nötig. Ich versuche mal, das zu erklären.

In jedem Ministerium arbeiten sehr viele Spezialisten, und so mangelt es dort tatsächlich nicht an der nötigen Fachkompetenz. Darauf kann die Ministerin zurückgreifen.

Und wenn es doch mal Unsicherheiten gibt, dann wird externe Beratung von Fachleuten oder Beraterfirmen hinzugeholt. Die es dann aber leider nicht umsonst gibt. Nur damit du siehst, von welchen Summen wir da reden: 2020 hat die Bundesregierung über 433 Millionen Euro für externe Berater ausgegeben.

Ob man das jetzt gut oder schlecht findet, ist Ansichtssache. Einerseits finde ich es richtig, Hilfe anzufordern, denn ein Blick von außen kann nie schaden und bringt neues Feedback. Das tut der Sache vielleicht richtig gut. Andererseits: Hätte man selbst mehr Fachleute an Bord, müsste man nicht so viel Geld für die Beratung ausgeben.

Nur eines ist hier sicher: 433 Mio. Euro sind echt viel Asche!

Bei den Landes- und Bundesministern selbst kommt es auf andere Fähigkeiten an. Ideal ist es, wenn sie gut reden können, überzeugend und sympathisch auftreten, den Überblick behalten, erkennen, was wichtig und unwichtig ist, und Entscheidungen treffen können.

Die Hauptaufgabe einer Ministerin besteht nämlich darin, die politische Verantwortung für ihr Ministerium zu übernehmen und die gemeinsam erarbeiteten Entscheidungen durchzusetzen und nach außen zu vertreten.

Das kann dazu führen, dass dir der gleiche Politiker mal als Umweltminister und später als Wirtschaftsminister seine Entscheidungen verkauft. Das kommt sogar öfter vor. Wie zum Beispiel beim Rechtswissenschaftler Peter Altmaier. 2012 war er Bundesumweltminister, ab 2013 Chef des Bundeskanzleramtes und ab 2018 Bundeswirtschaftsminister.

Man darf dabei eins nicht vergessen: Als Umweltminister war Peter Altmaier dafür verantwortlich, den CO_2-Ausstoß zu verringern, und als Wirtschaftsminister ist er für die Industrie, zu der auch die Kohleindustrie gehört, zuständig. Und die Kohleindustrie gehört zu den größten CO_2-Produzenten. Irgendwie schwierig, oder?

VORSICHT - FAKE NEWS!

Der Begriff Fake News kommt aus dem Englischen und kann mit »gefälschte oder geschwindelte Nachrichten« übersetzt werden. **Fake News sind also nichts anderes als richtig dicke Lügen oder verdrehte Wahrheiten.**

Es gibt etliche Internetseiten und Foren, die Verschwörungstheorien veröffentlichen und darüber diskutieren. Die werden aus verschiedenen Gründen geschrieben und verbreitet, z. B. um Hass zu verbreiten, politische Meinungen mit allen Mitteln zu beeinflussen oder einfach, um Clicks zu erzeugen und Geld zu verdienen.

Offenbar glauben dann tatsächlich Menschen, dass Bill Gates uns Mikrochips einpflanzen lassen will, weil sie das irgendwo gelesen haben.. Ist natürlich totaler Quatsch.

TIPP:
Die Möglichkeit, dass jemand eine Meldung einfach erfunden hat, solltest du stets im Hinterkopf behalten, wenn du in den sozialen Netzwerken unterwegs bist. Machen wir es Lügen und Schwindeleien nicht zu einfach!

Das Internet bietet prächtige Möglichkeiten, Fake News zu verbreiten. Einerseits kann jeder seinen Senf überall dazugeben. Ob das dann der Wahrheit entspricht, ist für viele zweitrangig. Anderseits ist das Gute am Netz: **Wir konnten uns noch nie so einfach, schnell und breit zu einem Thema informieren und den Wahrheitsgehalt überprüfen.**

In der Politik können absichtliche Falschinformationen ein Versuch sein, Wähler und Wählerinnen für sich zu gewinnen. Ich denke da zum Beispiel an die *AfD*, die stur behauptet, dass der Mensch die aktuelle Klimaerwärmung nicht entscheidend beeinflusst hat – obwohl die Wissenschaft etwas ganz anderes herausgefunden hat.

Nur weil man falsche Behauptungen ständig wiederholt, werden sie nicht wahrer. Bei diesen Aussagen denke ich immer gerne an den Osterhasen, der sogar noch bunte Eier legen kann. Auch wenn ich noch so oft behaupte, dass er existiert, wird es ihn leider einfach nicht geben, niemals. (Ich hoffe mal, dass ich jetzt bei dir keine Illusionen zerstört habe. ☺)

Die meisten Politiker sehen Fake News als ernsthaftes Problem an. Der stellvertretende *SPD*-Bundesvorsitzende Kevin Kühnert z. B. fordert, dass Jugendliche Fähigkeiten vermittelt bekommen müssen, um abschätzen zu können, welche Informationsquellen seriös sind.

Mehr »Digitalkompetenz« in der Schule zu erwerben wäre genau mein Ding. Deins auch, oder? Eine Diskussion darüber gibt es in der Bundespolitik tatsächlich schon einige Jahre. Aber wie es in Sachen Bildung so ist – darüber entscheidet gar nicht der Bund! Sondern die 16 Bundesländer einzeln, das weißt du ja. Du kannst dir vorstellen, dass es nicht so ganz easy wird, ein Fach wie »Digitalkompetenz« bundesweit einzuführen.

81

Deshalb klären wir das jetzt hier zumindest schon mal unter uns und checken zusammen ab, wie man Fake News am besten erkennt und sie einigermaßen sicher von vertrauenswürdigen Nachrichten unterscheiden kann. Wie das geht, zeig ich dir auf Seite 94.

Falls du dich schon mal gefragt hast, warum nicht mehr gegen Fake News unternommen wird: Diese Frage ist sehr schwer zu beantworten. Ich habe mit einem Anwalt und Online-Experten gesprochen, der sich mit Medienrecht auskennt. Christian Solmecke sagt: **Fake News sind sogar strafbar, wenn sie jemanden beleidigen oder damit eine Volksverhetzung begangen wird.** Volksverhetzung heißt: Jemand stachelt mit einem Posting zu Hass und Gewalt gegen eine bestimmte Bevölkerungsgruppe auf.

Trotzdem findet Christian Solmecke es oft schwierig, gegen Fake News vorzugehen. Zum einen, weil der Urheber einer Falschmeldung häufig nur schwer zu ermitteln ist. Zum anderen, weil sich Fake News manchmal nur schwer enttarnen lassen, besonders, wenn nur Teile davon unwahr sind (wir versuchen's natürlich trotzdem – NIE aufgeben!!).

FUNFACT

NICHT ALLE VERRÜCKTEN NACHRICHTEN SIND FAKE NEWS. AUF SATIRESEITEN WIE DER POSTILLON WERDEN NACHRICHTEN ÜBERSPITZT VERÄNDERT ODER FREI ERFUNDEN. ES KOMMT IMMER WIEDER VOR, DASS SICH LEUTE ÜBER DIE BEITRÄGE VON DER POSTILLON BESCHWEREN, WEIL SIE NICHT GLEICH ERKENNEN, DASS ES SICH UM SATIRE HANDELT. SATIRE IST EINE KUNSTFORM, IN DER EREIGNISSE VERSPOTTET WERDEN, INDEM DAS THEMA BEWUSST INS LÄCHERLICHE GEZOGEN WIRD. LASS DICH NICHT AUFS GLATTEIS FÜHREN. MANCHMAL IST EINE MELDUNG EINFACH NUR GESCHRIEBEN, DAMIT MAN DRÜBER LACHT!

→ DEMOKRATIE SCHADET NIE!

So, jetzt haben wir uns aber vorerst genug mit Politikern beschäftigt. Mit dem nächsten Punkt kommen wir so langsam zum Kern des Ganzen.

Du weißt, dass du in einer Demokratie lebst? Oder hast du in der Tagesschau mal jemanden mit Krone auf einem Thron mit der deutschen Nationalflagge dahinter gesehen? Das würde mich dann doch sehr wundern.

Ist ja keine Monarchie hier. Und dass du nicht in einer Diktatur lebst, bekommst du spätestens bei der nächsten Bundestagswahl mit.

Ein Diktator lässt sich für gewöhnlich nicht abwählen. Der klebt an seinem Stuhl.

Dass wir Parteien und Politikerinnen wählen dürfen, verdanken wir einer Sache: unserem politischen System, der parlamentarischen Demokratie.

Wusstest du, dass *démos* auf Griechisch Volk heißt und *krátos* Herrschaft oder Staat? Das **WORT DEMOKRATIE** bedeutet also so viel wie Volksherrschaft. Wissen zum Angeben!

GRUNDGESETZ

Alles begann am 23. Mai 1949, als das Grundgesetz verkündet wurde.

Das Grundgesetz ist die Verfassung unseres Staates. Man kann sagen: Dieser Tag war die Geburtsstunde der Bundesrepublik Deutschland.

Im vorigen Kapitel hatten wir ja schon über die Klassensprecherwahl gesprochen. Ist dir da schon klargeworden, dass du in der Schule beim Herzstück der Demokratie, bei ihrem Mittelpunkt, schon öfter dabei warst? Ja, so sieht's aus! Die Wahlen sind das Gelbe vom Demokratie-Ei, und Demokratie fängt schon mit der Klassensprecherwahl an.

Ohne Wahlen geht bei uns einfach nichts.

Boah, wie langweilig. Demokratie-Ei? Gibt's wenigstens was zum Spielen oder Schokolade?

Langweilig? Da wäre ich mir nicht so sicher ...

⊙ DEIN ERSTES KREUZCHEN

Beginnen wir an einem Sonntag an einem nicht alltäglichen Ort. Egal, ob du schon mal selbst gewählt hast oder deine Eltern am Wahltag begleitet hast:

Du wirst feststellen, dass das Wahllokal ein seltsamer Ort ist.

Es existiert nur an Wahltagen, an allen anderen ist es entweder eine Gaststätte, ein Schulzimmer oder ein anderer großer Raum, in dem jedenfalls keine Wahlurnen rumstehen.

Die Wahlhelfer dort sind auch nur an diesem Tag Wahlhelfer, an allen anderen arbeiten sie in ganz normalen Berufen. Sie werden dir einen Zettel überreichen, auf dem du hinter einer Wand ankreuzen kannst, wem du deine Stimme gibst. Beim Ankreuzen darf dir niemand zugucken, in einer Demokratie sind Wahlen geheim!

LIVIAS LIFE

Meine erste Wahl war die Kommunalwahl. Also die Wahl des Bürgermeisters und des Stadtrates. Das Besondere an so einer Wahl ist die Anzahl der Stimmen: Je größer die Stadt, umso mehr Mitglieder hat der Stadtrat. Bei uns in München sind es 80. Das heißt: Ich hatte auch 80 Stimmen zu vergeben. Da

kannst du dir vorstellen, wie riesig dieser Wahlzettel war. Das war kein Wahlzettel, das war ein Wahlzelt. Der war auseinandergeklappt fast größer als ich.

Ganz ehrlich, wenn ich mir nicht vorher schon Gedanken darüber gemacht hätte, bei wem ich meine Kreuzchen mache, wäre ich total überfordert gewesen. Aber so war es dann total spannend, auf das Ergebnis zu warten und festzustellen, welche meiner Kandidaten es tatsächlich geschafft hatten.

In einer Demokratie wählt die **WAHLBERECHTIGTE BEVÖLKERUNG** ihre Vertreter. Die Bevölkerung, zu der gehörst auch du, selbst wenn du im Moment vielleicht noch zu jung bist, um wählen zu gehen. Ebenso Menschen, die nicht die deutsche Staatsbürgerschaft haben. Aber auch sie sind in den allermeisten Fällen nicht wahlberechtigt.

Alle Wahlberechtigten haben bei uns alle paar Jahre drei Möglichkeiten, von ihrem Wahlrecht Gebrauch zu machen: bei der Kommunalwahl, der Landtagswahl und der Bundestagswahl. Ach ja, und die Europawahl gibt's noch obendrauf.

GEHEIM

87

→ KOMMUNALWAHLEN – WIE FÜR DICH GEMACHT

Vielleicht ist die erste »richtige« Wahl, an der du teilnehmen darfst, auch eine Kommunalwahl. Denn auf kommunaler Ebene dürfen in manchen Bundesländern schon 16-Jährige wählen. »Kommunal« ist alles, was die Gemeinde betrifft, in der du wohnst, also deine Stadt oder deinen Landkreis. Bei den Kommunalwahlen werden die Bürgermeisterin oder der Landrat und der Stadtrat oder Gemeinderat gewählt.

Als **STADT- ODER GEMEINDERAT** werden die kommunalen Vertretungen der Bürger bezeichnet, aber auch deren einzelnen Mitglieder. Man kann also sagen: »der Stadtrat von München hat sich versammelt«, aber auch »der Münchener Stadtrat Hubert Müller«.

Die Bezeichnung des Stadtoberhauptes ist nicht in allen Städten die gleiche. In den großen Kreisstädten ist das meist die Oberbürgermeisterin und in den kleineren Städten die Bürgermeisterin.

STADTRAT

Übrigens ist auch das kommunale Wahlrecht ganz schön kompliziert, weil es überall ein bisschen anders ist, je nach Bundesland. Bevor du das erste Mal zur Kommunalwahl gehst, informierst du dich am besten erst mal, wie es in deiner Stadt oder Gemeinde genau funktioniert.

Etwas Besonderes gilt zudem in den Stadtstaaten: Hier ist das Stadtoberhaupt auch gleichzeitig so etwas wie der Ministerpräsident des Bundeslandes. Berlin hat den Regierenden Bürgermeister und Hamburg die Erste Bürgermeisterin. In Bremen wird das Stadtoberhaupt ganz einfach als Bremer Bürgermeister bezeichnet.

Bei Kommunalwahlen werden Entscheidungen getroffen, die für uns Jugendliche direkt zu spüren sind.

Deshalb sind Kommunalwahlen superwichtig für uns!

Im Gegensatz zu den Landtags- und Bundestagswahlen gibt es bei Kommunalwahlen keine **FÜNF-PROZENT-HÜRDE.** D. h., die Parteien brauchen nicht mindestens 5 % der Wählerstimmen, um im Gemeinderat dabei zu sein. Darum haben auch kleine und regionale Parteien eine Chance, in den Stadtrat einzuziehen. In München findet man zum Beispiel die Rosa Liste im Stadtrat, in Leipzig die Fraktion Freibeuter oder in Duisburg die JUDU (Junges Duisburg), die sich besonders für Jugendthemen einsetzt.

Ein Beispiel: die Sicherheit auf öffentlichen Plätzen. Viele Plätze, Parks, Bahnhöfe oder Bushaltestellen und Bahnsteige werden mit Kameras überwacht. Wie findest du das, wenn du am Bahnhof von einer Kamera beobachtet wirst?

- ▶ Gut, fühle mich dann sicherer, falls mich jemand blöd anquatscht!
- ▶ Blöd, weil ja nicht jeder wissen muss, was ich mache und mit wem ich mich treffe!

Vielleicht findest du, dass beide Antworten irgendwie richtig sind.

Dein Stadt- oder Gemeinderat muss sich aber für eine entscheiden.

Wie findest du heraus, wie sich dein Stadtrat in so einem Fall entscheiden würde? Und wie kannst du dich vor deiner ersten Wahl schlaumachen, welche Ziele die Politiker der verschiedenen Parteien für deine Stadt oder Gemeinde haben? Schließlich sind in jeder Stadt andere Themen wichtig, und manche Stadtparteien oder Wählerinitiativen treten auch nur in einer einzigen Stadt zur Wahl an.

Wie bei jeder Wahl werden auch bei der Kommunalwahl die Straßenränder mit Plakaten der Kandidaten zugepflastert. Die Wahlplakate alleine werden dir aber nicht reichen, eine Wahlentscheidung zu treffen.

GEMEINDERAT

Ein paar praktische Tipps von mir, exklusiv für dich: Wenn deine Stadt einen eigenen lokalen Fernsehsender hat, kannst du da mal gucken, was es so an Talkrunden und Informationssendungen vor der Wahl gibt. Online findest du sicher auch einiges. Jeder, selbst die kleinste Wähler-initiative in deiner Stadt, hat eine Homepage, in der du etwas über die Kandidaten und ihre Ziele erfahren kannst.

Ich habe mir bei meiner ersten Kommunalwahl auf der *Insta*-Seite unseres lokalen Fernsehsenders die Kandidaten angesehen und mich dann auf deren Onlineseiten über ihre politischen Ziele für unsere Stadt informiert.

> **TIPP:**
> Die meisten Bürgermeister bieten Sprechstunden an. Dort kannst du dich an-melden und mit ihm über Themen sprechen, die dich interessieren, oder ihm eine eigene Idee vorstellen.

So, jetzt aber zurück zum Thema: Worüber entscheiden Stadt- und Ge-meinderäte eigentlich so? Von der schwierigen Frage der Überwachung öffentlicher Plätze hatte ich ja schon erzählt.

Aber es gibt natürlich noch viel mehr. Letztlich ist der Stadt- oder Gemeinderat zum Beispiel auch dafür zu-ständig, was das Busfahren bei euch kostet oder ob eine Streetlife-Szene geschaffen und erhalten wird.

Bei fast allen diesen kommunalen Aufgaben geht es da-rum, wofür Geld ausgegeben wird.

Und die Antworten darauf nehmen womöglich direkten Einfluss auf dein Leben. Eins ist also klar: Kommunal, also in deiner Stadt, kannst du dich auch am meisten einbringen. Es wär doch schön, wenn am Fluss ein kleiner Kulturstrand mit Bar und Musik wäre oder eine graue Brückenunterführung mit kreativen Graffitis verschönert würde, oder? Ist kommunal alles machbar, wenn du dich dafür einsetzt!

FUNFACT

BEI DEN KOMMUNALWAHLEN KANN EIN ERGEBNIS HERAUSKOMMEN, DAS DAS ENDE DER KOMMUNALEN LANGEWEILE GARANTIERT: ES KANN PASSIEREN, DASS DAS STADTOBERHAUPT NICHT DER PARTEI ANGEHÖRT, DIE DIE MEHRHEIT IM GEMEINDE- ODER STADTRAT HAT. DANN WIRD'S FÜR SIE ODER IHN SCHON MAL ETWAS KOMPLIZIERTER MIT DEM REGIEREN. EIN PONYHOF SIEHT ANDERS AUS!

Call-to-Action:

WAS GEHT AB IN MEINER STADT?

Weißt du, welche Partei in deiner Stadt die stärkste und in welcher Partei dein Bürgermeister ist? Welche Parteien treten überhaupt zur nächsten Wahl an? Mach dich mal schlau!

···

···

···

···

···

···

···

···

···

CHECKLISTE FAKE NEWS

1. Sei selbstbewusst und kritisch! Dich führt keiner so schnell hinters Licht!

- Frag dich zuallererst: Was weiß ich eigentlich selbst über das angesprochene Thema?
- Passt die neue Information zu dem bisherigen Bild, das du von dem besagten Themenfeld hast? Klingt sie für dich realistisch?

2. Gestaltungscheck: Wie ist die Nachricht aufgebaut und gestaltet?

- Hoch emotional? Reißerisch? Spektakuläre Bilder? Vorsicht, das könnte ein Hinweis auf Fake News sein. Je auffälliger eine Nachricht gestaltet ist, desto mehr rückt der Inhalt in den Hintergrund.
- Auch viele Großbuchstaben, Ausrufezeichen und erkennbare Rechtschreibfehler sind typisch für Fake News.

3. Quellencheck: Wer hat die Nachricht geschrieben?

- Ist der Verfasser genannt? Wenn nicht, kann das ein Hinweis darauf sein, dass die wahre Identität verschleiert werden soll.
- Wenn ein Name angegeben ist, informiere dich über die Person. Dafür kannst du einfach im Netz nach ihrem Namen suchen.
- Solltest du auf der Webseite, auf der du die Nachricht gelesen hast, kein Impressum finden, ist das meist ein Zeichen für eine unseriöse Quelle.

4. Recherchecheck: Was sagen andere Personen oder Medien zum gleichen Thema?

- Um die Nachricht einordnen zu können, solltest du unbedingt zusätzliche Quellen recherchieren.
- Hierfür kannst du zum Beispiel ein paar Schlagwörter der Nachricht in die Suchzeile deiner bevorzugten Suchmaschine eingeben. Vergleiche die dargestellten Fakten in den Texten, die du findest. Was fällt dir auf?

5. Social-Media-Check: Wer steckt hinter dem Account?

- Grundsätzlich bestehen keinerlei Einschränkungen bei der Wahl des Namens für einen Social-Media-Account oder ein Profil. Theoretisch wird also niemand davon abgehalten, Accounts mit dem Namen anderer Personen zu erstellen. Vorausgesetzt, der Name ist nicht bereits vergeben. Schon ein Punkt reicht als Unterscheidung.
- Wie lange gibt es das Profil schon?
- Wer folgt dem Profil, wer liket und kommentiert?
- Offizielle Accounts einer Politikerin oder eines Promis haben in der Regel einen blauen Haken, der die Echtheit der Person bestätigt.

6. Faktencheck: Stimmen die angegebenen Informationen, und sind sie aktuell?

- Werden zum Beispiel Studien zitiert, guckst du dir am besten die Originalquelle an, um zu prüfen, ob die Angaben korrekt wiedergegeben wurden.
- Bilder und Videos können mittlerweile sehr einfach manipuliert werden. Hier solltest du besonders vorsichtig sein.

→ LANDTAGSWAHLEN – WICHTIG FÜR DIE SCHULEN

Alle fünf Jahre werden in den 16 Bundesländern die jeweiligen Landesparlamente gewählt, in manchen auch alle vier Jahre. Und na ja, eigentlich sind es auch nur 13 Bundesländer und drei Stadtstaaten. Was für ein Zahlenchaos. Berlin, Hamburg und Bremen (plus Bremerhaven) sind die »Bundesländerchen«, die eben nur aus Stadt bestehen. Oder zwei, wie in Bremen. Ist doch süß, oder?

FUNFACT

MALLORCA IST EINES DER LIEBSTEN REISEZIELE DER DEUTSCHEN. DORT SIND PRO JAHR MEHR DEUTSCHE TOURISTEN UNTERWEGS, ALS SACHSEN EINWOHNER HAT. DESWEGEN WIRD MALLORCA AUCH SCHERZHAFT ALS DAS »17. BUNDESLAND« BEZEICHNET. WÄHLEN DÜRFEN WIR DA NATÜRLICH NICHT. AUSSER DAS HOTEL FÜR DEN NÄCHSTEN URLAUB!

BUNDES

Im Gegensatz zu den Bürgermeistern in den Städten werden die Ministerpräsidenten der Bundesländer, also die Oberhäupter eines Bundeslandes, nicht direkt von den Bürgerinnen, sondern von den Landtagsmitgliedern gewählt. Das gleiche gilt für die Stadtstaaten Hamburg, Bremen und Berlin.

Somit hat logischerweise die Kandidatin, deren Partei nach einer Wahl die meisten Stimmen hat, auch die größten Chancen, zur Ministerpräsidentin ernannt zu werden.

Die Landtage erlassen Gesetze und treffen Entscheidungen, die das Bundesland betreffen. Das ist zum Beispiel alles rund um den Strafvollzug, die Polizei oder zum Thema Schule und Bildung.

Warum Schulangelegenheiten Ländersache sind und was es mit dem sogenannten Föderalismus auf sich hat, kannst du ab Seite 38 noch mal nachlesen.

Der Landtag entscheidet auch darüber, wofür im Bundesland Geld ausgegeben wird.

Außerdem haben die Landesregierungen Einfluss auf die Gesetzgebung im Bund. Denn die Bundesländer haben ihre eigene Vertretung auf Bundesebene: den Bundesrat.

STADTSTAATEN

LÄNDER

Der Bundesrat befasst sich mit jedem Gesetz, das auf Bundesebene gelten soll. Manchen Gesetzen muss er richtig zustimmen, bei anderen kann er nur Einspruch dagegen erheben. Ganz schön kompliziert, oder? Aber du siehst, der Einfluss der Bundesländer ist auch in Berlin ziemlich groß.

Kleiner Zwischenstopp vor dem nächsten Kapitel. Du erinnerst dich an meine Anti-Langeweile-Kampagne? Ich finde ja, die Wahlabende von Landtags- und Bundestagswahlen sind schon was Besonderes, wenn man sich ein bisschen für Politik interessiert.

Um 18 Uhr schließen die Wahllokale, man starrt auf irgendeinen Bildschirm und zack, sind die ersten Hochrechnungen da. Und anschließend freuen sich die Politiker der Parteien, die in Führung liegen, und feiern schon mal. Und die, die eine »Wahlschlappe« erleben, müssen irgendwie erklären, warum sie keiner wählen wollte.

MINISTERPRÄSIDENT

PARTY TIME!

Wie wär's mit einer Wahlparty, wenn die nächsten Wahlen anstehen? Hast du Kleidung in der Farbe der Partei, die du gut findest (und tragen deine Freunde eine andere)? Parteifähnchen zu basteln, was Leckeres zu essen und natürlich genügend Schokolade dazuhaben, kann auch nicht schaden. Was fällt dir noch ein, um einen lustigen und spannenden Wahlabend mit deinen Freunden und deiner Familie zu verbringen?

BUNDESTAGSWAHLEN – DIE GANZ »GROßE« POLITIK

So, der Landtag in deinem Bundesland ist gewählt, jetzt lass uns endlich mal nach Berlin schauen, zum Bund.

Wie du vielleicht weißt, steht an der Spitze unseres Landes der Bundespräsident. Aber in der täglichen Politik hat er nicht wirklich viel zu melden. Seine Hauptaufgabe ist es, Deutschland ein »Gesicht« zu geben, also zum Beispiel unser Land im Ausland zu repräsentieren.

Außerdem – Überraschung! – wird er gar nicht von uns Bürgerinnen gewählt. Das macht die Bundesversammlung, die alle fünf Jahre nur einberufen wird, um genau das zu tun. Am Ende der Versammlung wird der neue Bundespräsident ernannt.

Eine Bundespräsidentin gab's übrigens noch nie bei uns!

Ich habe keine Ahnung, wieso – wird langsam mal Zeit, finde ich.

Die eigentliche Chefin in unserem Land ist aber die Bundeskanzlerin. Ihre Aufgabe ist vor allem, den Weg und das Ziel der politischen Arbeit der Bundesregierung zu bestimmen. Sie ist der Big Boss.

Offiziell nennt man das auch »Richtlinienkompetenz«. Ja, fast wie bei deiner Lehrerin, nur noch viel krasser.

Die Kanzlerin stellt auch ihr Kabinett zusammen. Das heißt, sie entscheidet z. B., wer Außenminister wird. Kannst du dir jetzt vorstellen, wie entscheidend die Regierungspolitik von der Kanzlerin geprägt ist?

Bei der nächsten oder übernächsten Bundestagswahl wirst du mitwählen dürfen. Ein bisschen mehr Durchblick gefällig, bevor du deine Kreuzchen machst?

Erste Erkenntnis: Du wählst nicht die Regierung, also nicht die Bundeskanzlerin und die Minister direkt.

Sondern du wählst – genau wie bei den Landtagswahlen – die Kandidaten für das Parlament, also den Bundestag. Ist nicht mehr so schwierig zu erraten, wer dann die Bundeskanzlerin wählt, oder? Auflösung weiter unten.

Vielleicht hast du schon mal mitbekommen, was für ein Spektakel eine Bundestagswahl ist. Im ganzen Land hängen Wahlplakate am Straßenrand. Im Fernsehen und in den Zeitungen wird dauernd darüber berichtet, die Parteien haben Wahlwerbespots geschaltet.

Natürlich ist dann auch im Netz viel zu sehen und lesen. Wobei du natürlich immer schauen musst:

- Wie seriös ist die Quelle? Beauty-YouTuberin versus Politik-Influencerin versus Tagesschau. Wem vertraust du am meisten?
- Hat die Info wirklich einen Mehrwert für dich? Also, wenn es um die Lieblingsklamotten der Spitzenkandidatin geht, bin ich jedenfalls schon raus.

Und?
Was muss ich dann machen?

Die Kurzformel ist: Informieren – entscheiden – Kreuzchen machen. Falls du es etwas genauer wissen möchtest, lies mal in die nächsten Seiten rein.

Mit einer deiner beiden Stimmen (»Erststimme«), wählst du eine Kandidatin, die sich für die Interessen der Menschen in deinem Wahlkreis einsetzt. Im Bundestag wird sie dann gemeinsam mit den anderen Abgeordneten Entscheidungen für ganz Deutschland treffen.

Mit deiner »Zweitstimme« entscheidest du dich für eine Partei. Aus der Zahl der Zweitstimmen, die eine Partei erhält, ergibt sich ihre Stärke im Bundestag.

Im Moment sitzen im Bundestag ziemlich viele Abgeordnete, nämlich 709.

MINISTER

Der **BUNDESTAG** tagt im früheren Reichstag. Das ist der alte Kasten mit der Glaskuppel oben drauf, den man dauernd in der Tagesschau sieht. Dort arbeitet der Bundestag erst seit 1999, nachdem er wegen der Wiedervereinigung von Bonn nach Berlin umgezogen war.

Am Anfang saßen nur 669 Abgeordnete im Bundestag in Berlin.

Mit 709 Abgeordneten wird es also ganz schön voll.

Es sind so viele geworden, weil es inzwischen häufig vorkommt, dass durch die Erststimme mehr Kandidatinnen einer Partei gewählt werden, als dieser Partei nach dem Anteil der Zweitstimmen eigentlich zustünden. Stichwort: Ausgleichs- und Überhangmandate.

ÜBERHANGMANDATE kommen zustande, wenn eine Partei über die Erststimmen mehr Direktmandate bekommt, als ihr nach dem Zweitstimmenergebnis im Verhältnis zu den anderen Parteien zustehen würden. Die anderen Parteien bekommen **AUSGLEICHSMANDATE,** damit sie bei der Sitzverteilung im Bundestag nicht benachteiligt werden.

Glücklicherweise kommt es nie vor, dass alle gleichzeitig da sind. Trotzdem: Bei über 700 Politikern kann man sich vorstellen, wie groß der Bundestag sein muss – das ist deine Klasse ungefähr mal 20!

Diese vielen Abgeordneten gehören aktuell sechs Parteien an. Da sind zum Beispiel Politiker von den *GRÜNEN* aus dem Saarland und Sachsen oder von der *FDP* aus Schleswig-Holstein und Thüringen.

Damit da mehr Ordnung reinkommt, bilden die Politiker der gleichen Partei aus allen Bundesländern eine »Fraktion«. So eine Fraktion hat wesentlich mehr Rechte und Einfluss als einzelne Politiker. Die Leitung der Fraktion hat die Fraktionsvorsitzende.

Eine der wichtigsten Aufgaben des Bundestages ist die Gesetzgebung. Auch für die Außen- und Verteidigungspolitik ist der Bundestag zuständig. Ebenso muss jeder Cent des Bundeshaushalts erst vom Bundestag genehmigt werden, bevor er ausgegeben werden darf.

Und alle vier Jahre haben die Bundestagsabgeordneten noch eine wichtige Aufgabe. Du weißt ja, welche ich meine. Sie wählen die Bundeskanzlerin. Yippie!

Die einzige Bundeskanzlerin, die ich bis jetzt kenne – und dir geht's wahrscheinlich genauso –, ist Angela Merkel.

Sie wurde viermal hintereinander gewählt, aber davor waren die Bundeskanzler tatsächlich immer Männer. Ja, auch Männer können Kanzler werden, so unwahrscheinlich das auch klingt.

Die Kanzlerin kommt normalerweise aus der Partei, die die meisten Stimmen bei der Bundestagwahl bekommen hat. Angela Merkel war also deshalb so lange Bundeskanzlerin, weil viermal hintereinander die *CDU/CSU* die Bundestagswahl gewonnen hatte und sie die Spitzenkandidatin ihrer Partei war. Allerdings konnte die *CDU/CSU* nie die absolute Mehrheit der Stimmen gewinnen.

Um alleine regieren zu können, braucht eine Partei im Bundestag (und im Landtag genauso) die **ABSOLUTE MEHRHEIT** der Sitze im Bundestag, also mehr als die Hälfte aller Sitze. Auf Bundesebene ist das erst einmal vorgekommen, 1957 unter Konrad Adenauer. Schon ein bisschen her. Heute erhält die erfolgreichste Partei bei Bundestagswahlen nur selten über 40 % der Stimmen.

Hä? Und wie entsteht dann eine Regierung?

Ich seh schon das große Fragezeichen auch in deinem Gesicht. Die Antwort diesmal sofort: durch Regierungskoalitionen!

Koalitionen sind Zusammenschlüsse, die durch zwei oder manchmal auch drei Parteien gebildet werden, um zusammen die Mehrheit der Stimmen zu haben. Beliebt ist das bei Politikern natürlich eher weniger. Wer will sich schon gerne die Macht teilen? Und man weiß schließlich nie, ob man sich mit dem Regierungspartner auf Dauer gut versteht, ich sage nur: konstruktives Misstrauensvotum. Dazu im nächsten Kapitel mehr. Cliffhanger!

PARTEIENKOALITIONEN: SPABFAKTOR GLEICH NULL

Koalitionen machen nicht immer wirklich Spaß. Trotzdem sind sie unverzichtbar – irgendwie muss ja schließlich regiert werden. Aber du kannst dir vorstellen, wie schwierig und anstrengend es sein kann, sich zu einigen, wenn man in seinen Zielen meilenweit auseinanderliegt.

Hier mal ein paar Beispiele für (gleichzeitige!) Koalitionen in Landtagen:

REGIEREN

CDU, GRÜNE und FDP (Schleswig-Holsteinischer Landtag)

SPD, GRÜNE und DIE LINKE (Bremische Bürgerschaft).

CSU und Freie Wähler (Bayerischer Landtag).

Du siehst: Regierungskoalitionen können ziemlich bunt sein. Offenbar ist es so: Wenn Parteien müssen, weil sonst keine Regierung zustande käme, dann können sie auch zusammenarbeiten. Ich sag es mal so wie Cro in seinem Song *Meine Zeit:* »Egal was kommt, Mann, ich bleib relaxt«. Das ist auch in der Politik meistens nicht verkehrt.

»Relaxen« ist, finde ich, ein gutes Stichwort. Denn auch wenn nicht viele Politiker »Koalitions-Fans« sind, kann das Koalieren doch auch eine Bereicherung für die tägliche Regierungsarbeit sein, oder? Wenn aus unterschiedlichen Meinungen und Ansätzen kreative Lösungsvorschläge folgen, dann ist das doch eigentlich was Positives.

Zur Demokratie gehört das Ringen um den richtigen Weg, und Koalitionen können dies meist besser als Einparteienregierungen.

KATJA KIPPING

Katja Kipping hat offenbar auch kein grundsätzliches Problem mit Koalitionen. Nur mit der GroKo. Die hat übrigens nichts mit einem Krokodil zu tun. Das ist nur die Abkürzung für den Begriff »Große Koalition«.

Bei uns in Deutschland bestand die GroKo bisher immer aus der *CDU/CSU* und der *SPD.* Denn das waren bei Bundestagswahlen bislang die beiden erfolgreichsten, also »größten« Parteien. Abkürzungen sind in der Politik übrigens ziemlich beliebt. Ein Bundestagsabgeordneter wird zum Beispiel als MdB bezeichnet: Mitglied des Bundestages. Wie denkst du, wird »Landtagsabgeordneter« abgekürzt?

Parteien, die nicht an der Regierung beteiligt sind, nennt man Oppositionsparteien. Die **OPPOSITION** ist ein wesentlicher Bestandteil in einer Demokratie. Sie soll die Regierung kontrollieren, indem sie alternative Vorschläge und Problemlösungen entwickelt und diese der Regierung mitgibt.

So, und jetzt zur Auflösung des Cliffhangers. Langeweile ade, sag ich nur ...

1982 musste der damalige Bundeskanzler Helmut Schmidt *(SPD)* schmerzhaft erfahren, wie Koalitionen enden kön-

nen. Normalerweise hätte er vier Jahre regiert, eben bis zur nächsten Wahl. Aber während so einer Amtszeit kann viel passieren. Der Kanzler kann zum Beispiel durch ein Misstrauensvotum wieder abgesetzt werden.

Das ist Helmut Schmidt tatsächlich passiert: 1982 wurde er durch Helmut Kohl *(CDU)* ersetzt. Ich glaube, einer der beiden Helmuts hatte da einen echt miesen Tag. Grund war, dass der damalige Koalitionspartner der *SPD*, die *FDP*, mit der Gesamtsituation etwas unzufrieden war (vor allem hat man sich wohl über Geld gestritten – immer ein heikles Thema).

Deshalb wechselte die *FDP* plötzlich die Seite, hin zur *CDU/ CSU*. Dadurch hatte die Regierung keine Mehrheit mehr, und die Opposition konnte den Antrag für ein »Konstruktives Misstrauensvotum« stellen.»Konstruktiv« übrigens deshalb, weil gleich auch ein neuer Kanzler ernannt wurde.

Ich würde ja, nachdem ich davon gehört habe, immer empfehlen:

Augen auf bei der Suche nach dem Koalitionspartner!

OPPOSITION

MÖGE DIE PETITION MIT DIR SEIN

Das deutsche Wort Petition ist vom lateinischen Begriff *petitio* abgeleitet und heißt Bittschrift, Gesuch oder Eingabe. In einer Petition sammelt jemand Unterschriften, um etwas Bestimmtes zu ändern oder zu verbessern.

Es muss sich dabei nicht um »große« politische Themen handeln, man kann z. B. auch Verbesserungsvorschläge für die eigene Stadt machen. Mit Petitionen kannst du versuchen, Bienen zu retten oder den Ausbau von Fahrradwegen zu fördern.

Dein Petitionsfahrplan:

1. Suchen und finden
Es gibt im Netz einige gute Webseiten, auf denen du Petitionen zu deinem Thema finden oder eine neue Petition starten kannst. Schau sie dir mal an.

TIPP:
www.change.org
www.openpetition.de
https://epetitionen.
bundestag.de
(Petitionsausschuss
des deutschen
Bundestags)
www.one.org/de

Die Petitionsplattform *ONE* ist eine etwas andere, weil man hier nicht nur unterschreiben, sondern sich auch als Jugendbotschafterin engagieren kann. *ONE* ist eine große, internationale Organisation. Sie setzt sich z. B. weltweit für das Ende von Kinderarmut ein und fordert mehr Bildung für Kinder in den ärmeren Ländern der Welt bis zum Jahr 2030 ein.

ONE wurde übrigens von Bob Geldof und Bono, dem Sänger von *U2*, gegründet. Mit ihren Petitionen versucht *ONE*,

Druck auf die Regierungen der Welt aufzubauen. Je mehr Unterschriften sie für einen Kampagne bekommt, umso besser ist das natürlich.

LIVIAS LIFE

Ich habe bei ONE auch schon mitgemacht. Als Jugendbotschafterin habe ich in meinem Blog über ONE geschrieben und mich mit Politikern über die Petition, die ich unterstütze, unterhalten. 2018 hatten 130 Millionen Mädchen weltweit keinen Zugang zu Bildung. Damit sich irgendwann mal was ändert, unterstütze ich ONE immer noch.

2. Informieren

Es ist immer gut, sich umfangreich zu der Thematik zu informieren, bevor du eine Petition mitunterzeichnest. Nutze dafür sämtliche dir zur Verfügung stehenden Medien und Plattformen, die du jetzt ja schon kennst. Es kann auch nicht schaden, wenn du mit deinen Freunden oder deiner Familie über die Sache diskutierst und andere Meinungen anhörst.

3. Unterschreiben

Du hast dich entschieden, eine Petition zu unterstützen? Dann geh wieder auf die Petitions-Webseite und unterschreibe dort.

4. Online verbreiten

Wenn dir ein Thema sehr wichtig ist, kannst du deine Social-Media-Kanäle nutzen, um möglichst viele Leute auf die Petition aufmerksam zu machen. Denn je mehr Unterschriften eine Petition bekommt, umso größer ist die Chance, dass sie Aufmerksamkeit in der Politik bekommt.

➡ RECHT MIT EINTRITTSDATUM

So, jetzt endlich zu meinem Lieblingsthema. »Wählen ist doch kein Kinderspiel!« Das oder so was Ähnliches denken sich wohl Politiker, die gegen eine Senkung des Wahlalters sind. Aber ist das eine Rechtfertigung dafür, alle unter 18-Jährigen vom Wählen auszuschließen?

Das Wahlrecht hat bei uns ein Eintrittsdatum: den 18. Geburtstag. Da denk ich gleich: Es gab doch auch schon mal ein Wahlrecht mit einem Eintrittsgeschlecht.

Früher durften Frauen nicht wählen. »Früher« heißt in Deutschland: bis 1919. In der Schweiz sogar bis 1971. Das ist noch nicht soooo lang her, oder? Überleg mal, wie alt deine Großeltern sind – was sind im Vergleich ungefähr 100 Jahre! Oder 50, wie in der Schweiz.

Anscheinend war man (ich könnte jetzt auch sagen: Mann) damals der Meinung, dass Frauen keinen Durchblick in der Politik haben. Sie waren ausgeschlossen. Kommt dir das irgendwie bekannt vor?

Das war alles ungerecht? Ja! Denn die gewählten Politiker sollten Vertreter des ganzen Volkes sein, für Männer und Frauen. Und eben auch für Menschen jedes Alters.

GEBURTSTAG

Es kommt schließlich auch niemand auf die Idee, die ganz Alten auszusperren, nur weil sie alt sind.

Ein Austrittsdatum sieht das Wahlrecht nicht vor, aber dafür ein Eintrittsdatum. So gesehen wäre es doch gerecht, dass jeder Mensch von Geburt an wählen darf, oder nicht?

Okay, wenn man sich das dann genau überlegt, ist das natürlich auch ein bisschen schwierig. Deshalb kommt als Nächstes die große Frage: Welches Alter soll das Eintrittsalter sein?

»AKTIVES WAHLRECHT« bedeutet: Du darfst bei einer Wahl deine Stimme abgeben. Das ist bei den meisten Wahlen erst mit 18 Jahren möglich. Hinter dem Begriff **»PASSIVES WAHLRECHT«** steckt nichts anderes als das Recht, selbst gewählt zu werden. Bei uns darf man sich ab 18 Jahren in einer Partei für eine Wahl aufstellen lassen.

FUNFACT

BUNDESKANZLERIN DARF MAN SCHON AB 18 JAHREN WERDEN. ABER ALS BUNDESPRÄSIDENT MUSS MAN MINDESTENS DAS 40. LEBENSJAHR VOLLENDET HABEN. OFFENBAR SOLL MAN ALS BUNDESPRÄSIDENT EIN WENIG ÄLTER UND WEISER WIRKEN.

Wir reden hier jetzt vom aktiven Wahlrecht, also der Frage, ab wann du wählen darfst. Und damit kommen wir zu einem Punkt, bei dem das Wahlrecht für uns Jugendliche so richtig ungerecht wird.

Denn manche Jugendliche dürfen schon mit 16 wählen und andere erst mit 18. Es kommt mal wieder nur darauf an, wo sie wohnen.

Hä? Das ist ja tatsächlich voll ungerecht.

WAHLRECHT

Also, warum dürfen bei den Landtagswahlen in Brandenburg oder Schleswig-Holstein Jugendliche schon ab 16 Jahren wählen und in Sachsen oder Bayern erst ab 18? Oder anders gefragt: Was qualifiziert Jugendliche in Brandenburg, mit 16 zu wählen, im Gegensatz zu Jugendlichen in Bayern?

In etwa der Hälfte aller Bundesländer dürfen bei Landtags- und Kommunalwahlen Jugendliche schon zwei Jahre früher wählen. In Schleswig-Holstein zum Beispiel gilt bei den Kommunalwahlen schon seit 1998 das Wahlrecht ab 16. Und soweit ich weiß, ist das Bundesland dadurch nicht zusammengebrochen und versinkt auch nicht im Chaos. Österreich genauso wenig – da dürfen Jugendliche auch schon länger ab 16 an allen Wahlen teilnehmen.

Aber bei der Bundestagswahl darf man erst ab 18 wählen. Warum?! Ich finde ja: Das Wahlrecht ist so lange ungerecht, bis man nicht bei jeder Wahl, auf allen Ebenen, ab demselben Alter wählen darf.

Was ich mich frage: Haben manche Politiker oder Parteien vielleicht Angst vor dem möglichen Wahlverhalten der jungen Generation?

Fürchten sie sich sogar vor uns und unserer politischen Meinung?

16,18

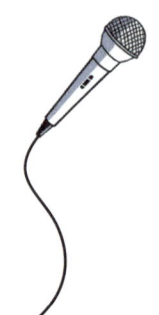

In der Politik spielen immer taktische Überlegungen eine Rolle. [...] Es sind immer Parteien für eine Senkung des Wahlalters, die sich davon einen Vorteil vom Ausgang einer Wahl versprechen. Im Gegensatz sind dann die Parteien gegen ein Wahlrecht ab 16 Jahren, die dadurch eher Nachteile für ihr Wahlergebnis sehen.

CHRISTIAN WULFF

Jetzt wird sicher langsam deutlich, warum es in manchen Bundesländern ein Wahlrecht ab 16 gibt und in anderen nicht. Meine Schlussfolgerung ist deshalb ganz klar:

Keine Demo wird jemals einen Politiker so beeindrucken wie unsere Kreuze in einer Wahlkabine!

Statt unzufrieden zu meckern, bringen sich viele Jugendliche konstruktiv gezielt in die Themen ein, die ihnen am Herzen liegen – und lassen sich nicht mehr durch ein bisschen Kopfgetätschel abspeisen. Das ist eine tolle Entwicklung, die einmal mehr zeigt, warum wir das Wahlalter ab 16 und mehr Kinder- und Jugendbeteiligung brauchen. Die *AfD* ist ja auch nicht wegen der jungen Wähler*innen so stark.

KEVIN KÜHNERT

Genau das, was Kevin Kühnert sagt, macht das Thema so wichtig. Wenn man bei einer Wahl ein gerechtes und repräsentatives Ergebnis erhalten will, muss man alle Generationen befragen. Nur so würde man uns Jugendlichen ein demokratisches Mittel zur Verfügung stellen, um aktiv politischen Einfluss zu nehmen.

Das Wahlrecht ab 16, das wäre ein guter Anfang.

Denn worum geht es bei Wahlen eigentlich? Letztendlich doch immer um zukünftige politische Entscheidungen für unser Land – und damit auch um das spätere Leben der jungen Generation. Also um uns!

Wäre es aber nicht noch gerechter, das Wahlalter vielleicht auf 14 Jahre zu senken oder sogar ein Wahlrecht ab dem Tag der Geburt einzuführen?

Puh, das sind tatsächlich heiß diskutierte Themen in der Politik. Aber ich glaube, solange wir kein grundsätzliches und flächendeckendes Wahlrecht ab 16 Jahren haben, wäre es erst einmal übertrieben, mehr zu fordern. Also ein Schritt nach dem anderen, erst mal das Wahlrecht ab 16. Denn damit haben wir genug zu tun, solange taktische Überlegungen der Parteien eine so große Rolle spielen.

Aber es gibt auch noch einen anderen Grund, warum wir Jugendliche eine stärkere Stimme in der Politik brauchen.

Nämlich wegen des demografischen Wandels. Das bedeutet nichts anderes, als dass unsere Gesellschaft immer älter wird.

> Jede zweite Person in Deutschland ist heute schon älter als 45 und jede fünfte Person älter als 66 Jahre. Dafür gibt es immer weniger junge Menschen. Und immer mehr **ÄLTERE WÄHLER.**

Dadurch werden die politischen Themen der älteren Generationen immer wichtiger für die Parteien. Ah! Das ist aber jetzt blöd für uns Junge.

So gesehen wäre ein Wahlrecht ab 16 Jahren ein guter und fairer Anfang, um nicht alle Macht aufseiten der älteren Wählerinnen zu lassen. Und es wäre ein wichtiges Zeichen der Politik, dass sie die junge Generation ernst nimmt.

Fühlst du dich von den Parteien ernst genommen? Bevor du die Frage beantwortest, lass uns erst einmal die Parteien genauer anschauen. Oder hast du schon den vollen Überblick, welche Parteien es gibt und welche am besten zu dir passt? Noch nicht? Aber gleich!

→ DAS GROSSE WÄHLEN: PARTEIEN IN DEUTSCHLAND

Zu den Parteien in Deutschland – und natürlich auch zu denen in Österreich und der Schweiz – gibt es unendlich viel zu erzählen. Über ihre Programme, ihre Mitglieder, ihre bekannten »Köpfe«, ihre Geschichte, ihre Siege und Niederlagen. Das erspar ich dir – und mir. Alles, was du darüber wissen möchtest, findest du im Netz, zum Beispiel auf den Websites der Parteien.

Ich gebe dir hier nur einen ganz kleinen Überblick über das, was mir bei den größten deutschen Parteien im Laufe der Zeit so aufgefallen ist. Besonders im Hinblick auf die Themen, die für uns Jugendliche wichtig und interessant sind. Und zwar von »links« nach »rechts«: von der *LIN-KEN* bis zur *AfD*.

Links? Rechts? Was hat das mit Politik zu tun?

Je weiter »links« eine Partei sich einordnet, desto mehr ist ihr großes Ziel eine Gesellschaft, in der es ganz gerecht und sozial zugeht. Alle sollen möglichst gleich sein. Darum soll sich ihrer Meinung nach vor allem der Staat kümmern. »Rechte« Parteien sehen das ganz anders. Sie

119

gehen davon aus, dass die Menschen verschieden sind und dass es ganz natürlich ist, dass die einen den anderen überlegen sind. Deshalb hätten die Herrschenden auch die Macht und das Geld.

Die meisten Parteien liegen in ihren Grundauffassungen irgendwo dazwischen.

Bei manchen Parteien ist es aber nicht so einfach wie bei den *LINKEN* und der *AfD*, gleich zu erkennen, wie links oder rechts sie sind. Denn die anderen großen und bekannten Parteien findet man eher in der Mitte mit nur einer mehr oder weniger geringen Neigung zu einer Seite.

Interessant für mich wird es beim Thema »Wahlrecht ab 16«. Da kann man nämlich feststellen: Je rechter eine Partei ist, umso mehr ist sie dagegen.

Wenn du dir anschaust, wo die Parteien in den Parlamenten sitzen: Fällt Dir bei der Sitzordnung was auf?! Kleiner Tipp: Guck mal langsam von links nach rechts ...

Die Mitglieder einer **PARTEI** wollen ein Entscheidungsrecht in der Politik erlangen, man könnte auch sagen: Sie wollen Macht. Die Ziele der Mitglieder sind ähnlich, deshalb haben sie sich zusammengetan. Jede Partei hat andere Schwerpunktthemen und Wertvorstellungen, aber vor allem schlägt jede Partei einen anderen Weg ein, um ihre Ziele zu erreichen. Die **PARTEI-VORSITZENDE** gibt den Kurs vor, und der Generalsekretär der Partei muss diesen Kurs umsetzen. Die **MITGLIEDER** einer Partei sind nicht immer in allem einer Meinung. Oft streiten sie sich untereinander sogar ziemlich, wo es langgehen soll. Aber wenn gewählt oder abgestimmt wird, halten sie normalerweise zusammen. Grundsätzlich kann jeder ab 14 Jahren in eine Partei eintreten.

Jede Partei hat übrigens ihre eigene Jugendorganisation. Wenn du da einsteigst, kannst du auch schon Einfluss auf die Parteipolitik nehmen. So einige Politiker, die jetzt in Talkshows zu sehen sind, haben über die Jugendorganisation einer Partei den Schritt in ein Parlament geschafft. Und ganz nebenbei findest du vielleicht neue Freundinnen mit ähnlichen Ansichten – oder einfach eine ungewöhnliche neue Freizeitbeschäftigung.

Muss ja nicht immer Sport sein.

So, auf der übernächsten geht's aber wirklich los mit den Parteien!

»BLOGGEN IST ROCKEN«

Jetzt kommt ein sehr persönliches Kapitel, weil Bloggen genau mein Ding ist. Deins vielleicht auch? Das können wir ja mal zusammen überlegen. Den Spruch in der Über-schrift hat André Dietz, Schauspieler aus der Daily Soap *Alles was zählt*, mal über mich und meinen Blog gemacht oder besser gesagt, gesungen. Und damit hatte er gar nicht so unrecht! Denn wenn du dich im Netz engagieren willst, kann ein Blog eine Plattform sein, die richtig rockt.

LIVIAS LIFE

Mit 13 Jahren habe ich meinen ersten Blog ins Leben gerufen. Ich muss zugeben, dass mein allererster Blogeintrag jetzt nicht so politisch war. Denn darin habe ich Nagellacke getestet. Das bleibt jetzt aber unter uns 😉

Inzwischen schreibe ich schon seit einigen Jahren über politische Jugendthemen und führe Interviews mit vielen Politikerinnen sämtlicher Parteien. Das ist meine Art, mich auf dem Laufenden zu halten, was in der Welt gerade passiert, und Dinge möglichst direkt zu hinterfragen.

Durch die Gespräche bekommen die Politiker vielleicht auch einen kleinen Einblick in unsere Welt: Was ist Jugendlichen wichtig, was liegt uns am Herzen? Ein persön-lich guter Nebeneffekt für mich war auch, dass ich durch das Recherchieren und das viele Schreiben von Texten nicht nur viel über politische Zusammenhänge gelernt habe, sondern meine Rechtschreibung besser geworden ist. Jo!

TIPP:
Du willst deinen eigenen Blog schreiben? Dann musst du dir einen Anbieter suchen, auf dessen Plattform du das machen kannst. Es gibt ganz tolle, die in der Grundversion kostenlos sind.

WWW.JIMDO.COM

WWW.WORDPRESS.DE

WWW.WIX.COM

WWW.BLOGGER.COM

Blog-Anbieter verdienen vor allem an kostenpflichtigen Zusatzdienstleistungen und an professionellen und deshalb kostenpflichtigen Blogs, die umfangreichere Features beinhalten. Die kostenlosen Blogs bieten zwar nicht das Rundum-Sorglos-Vollprogramm an, sind aber für dich erst mal eine gute Wahl.

Wichtige Überlegungen, bevor du loslegst:

- Was ist dein Thema? Es sollte eins sein, das dich interessiert und in dem du dich etwas auskennst und das dir Spaß macht.
- Wer soll dein Bloganbieter sein?
- Dein Blogname sollte einfach und einprägsam sein.
- Wie oft willst du etwas posten? Wichtig: Das solltest du möglichst regelmäßig machen. Versuche Rechtschreibfehler zu vermeiden – deine Texte sehen sonst nicht sehr professionell aus.
- Hast du dich vorher ausreichend mit Datenschutz (DSGVO) und Impressum beschäftigt? Auf Seite 136 mehr dazu!

DIE LINKE

Wie der Name schon sagt, ist *DIE LINKE* eine politisch links orientierte Partei. Sie bekennt sich zu einem »demokratischen Sozialismus« und legt ihren Schwerpunkt auf soziale Gerechtigkeit. *DIE LINKE* ist nach Auflösung der *SED*, der Staatspartei der ehemaligen DDR, vor etwa 15 Jahren aus der Nachfolgepartei entstanden.

Die Sozialpolitik steht bei der *LINKEN* im Fokus, niemand in unserem Staat soll von Armut bedroht sein. Sie will außerdem umweltfreundliches Handeln belohnen und umweltschädigendes Verhalten verteuern. Wichtig sei es, das Klima zu retten und nicht den Kapitalismus und die Aktienkurse.

DIE LINKE ist gegen eine Wehrpflicht für Jugendliche und für ein Freiwilliges Soziales Jahr nach der Schule. Sie setzt sich schon lange für ein generelles Wahlrecht ab 16 Jahren ein.

Eine der bekanntesten Politikerinnen der *LINKEN* ist die ehemalige Parteivorsitzende Katja Kipping.

Die Jugend ist nicht politikverdrossen, sondern die Regierungsparteien sind jugendverdrossen!

KATJA KIPPING

SPD (SOZIALDEMOKRATISCHE PARTEI DEUTSCHLANDS)

Jungsozialist/innen www.jusos.de

Die sozialdemokratische Volkspartei ist die älteste Partei in Deutschland und hat auch die meisten Mitglieder, nämlich über 400.000. Eine so große Partei hat es nicht immer leicht, allen Mitgliedern gerecht zu werden. Ihre zentralen Themen sind die Arbeits- und die Sozialpolitik.

Die *SPD* setzt sich für ein Freiwilliges Soziales Jahr und ein Freiwilliges Ökologisches Jahr nach der Schule ein. Ebenso wie für das Wahlrecht ab 16 Jahren.

Die SPD ist für mich eine Gemeinschaft, in der Menschen gemeinsam gegen Ungerechtigkeiten aller Art kämpfen – und in der für tolle Leute immer noch ein Platz frei ist.

KEVIN KÜHNERT

Zu den bekanntesten Gesichtern der Partei gehören der stellvertretende Parteivorsitzende Kevin Kühnert, der Kanzlerkandidat Olaf Scholz, Bundespräsident Frank-Walter Steinmeier sowie – bei uns Jüngeren – Sawsan Chebli aus Berlin.

BÜNDNIS 90/DIE GRÜNEN

Grüne Jugend www.gruene-jugend.de

Die Farbe ist Programm! Die politischen Schwerpunkte der Partei sind der Klima- und Umweltschutz (Ökologie), aber im Einklang mit der Wirtschaftspolitik (Ökonomie).

DIE GRÜNEN setzen sich für ein starkes Europa und eine gemeinsame Außen- und Sicherheitspolitik der Europäischen Union ein.

Sie befürworten schon immer das Wahlrecht ab 16 Jahren und sind gegen eine Wehrpflicht nach der Schulzeit. Stattdessen setzen sie auf ein Freiwilliges Soziales Jahr.

Freiwilliges Engagement ist der Kern einer lebendigen Zivilgesellschaft und stärkt das Rückgrat unserer Demokratie.

ANNALENA BAERBOCK

Zu den bekanntesten Politikern der *GRÜNEN* zählen die Parteivorsitzenden Robert Habeck und Annalena Baerbock. Bundestagsfraktionsvorsitzender ist Anton Hofreiter.

DIE GRÜNEN

UNIONSPARTEIEN CDU/CSU

Junge Union www.junge-union.de

Die beiden Unionsparteien bilden im Bundestag eine Fraktion. Die *CDU (Christlich Demokratische Union Deutschlands)* tritt in Bayern nicht zu Wahlen an, dort ist dafür ihre Schwesterpartei *CSU (Christlich-Soziale Union)* wählbar. Die Politik der Union ist christlich und eher konservativ geprägt.

KONSERVATIV zu sein heißt: Man möchte, dass alles möglichst so bleibt, wie es war. Traditionen sind wichtig.

Die Ziele der Schwesterparteien sind sich grundsätzlich sehr ähnlich, aber das Verhältnis untereinander ist trotzdem nicht immer unproblematisch. So ist das eben unter Geschwistern manchmal.

Die *CDU* diskutiert immer wieder über eine Dienstpflicht für Jugendliche nach der Schule. Der letzte Vorschlag kam von der ehemaligen Parteivorsitzenden Annegret Kramp-Karrenbauer. Die *CSU* hat mit dem sogenannten »Deutschlandpraktikum« für maximal drei Monate einen eigenen Vorschlag.

CDU/CSU

127

Die Union hält am Wahlalter von 18 Jahren fest, weil es sich aus ihrer Sicht bewährt hat, das Wahlrecht und die Volljährigkeit miteinander zu verknüpfen.

Die wichtigsten Politikerinnen der *CDU* sind natürlich Angela Merkel, die 16 Jahre unsere Bundeskanzlerin war, sowie Ursula von der Leyen, die seit Ende 2019 Präsidentin der Europäischen Kommission ist. *CDU*-Parteivorsitzender und Kanzlerkandidat ist zurzeit Armin Laschet. Parteivorsitzender der *CSU* und bayerischer Ministerpräsident ist Markus Söder.

Unionspolitik ist für mich Politik der Mitte. Keine Extreme, sondern Zusammenzuführen.

MANFRED WEBER

Sehr einflussreich ist auch Manfred Weber aufgrund seiner Tätigkeit als Fraktionsvorsitzender der *Europäischen Volkspartei (EVP)* im Europäischen Parlament.

FDP
(FREIE DEMOKRATISCHE PARTEI)

Junge Liberale www.julis.de

Inhaltlich steht die *FDP* für Liberalismus. Liberal sein bedeutet: für ein Leben in größtmöglicher Freiheit sein. Das Kernthema der Partei ist die Wirtschaftspolitik. Interessanterweise fordert sie auch eine kontrollierte Freigabe von Cannabis. Das ist aber die einzige Gemeinsamkeit, die *FDP*, *GRÜNE* und *LINKE* haben.

Seit 2020 fordert auch die *FDP* ein Wahlrecht ab 16 bei Bundestagswahlen. Das Pflichtjahr für Jugendliche nach der Schule betitelte der Parteivorsitzende Christian Lindner mal als »Freiheitsentzug, Volkserziehung und Verschwendung von Lebenszeit«.

Christian Lindner steht sehr im Fokus und ist deshalb der wichtigste Politiker seiner Partei. Der ehemalige *JuLis*-Vorsitzende Konstantin Kuhle spricht in der Partei die Umwelt- und Klima-politischen Themen an.

Die FDP ist für mich die Partei, die an die Stärke und die Vernunft des Einzelnen glaubt und den Menschen weder für schwach und anleitungsbedürftig, noch für böse und verführbar hält. Wir wollen jedem ermöglichen, das Beste aus seinem Leben zu machen, und alle Hürden, die dem Einzelnen dabei im Weg stehen, abbauen.

CHRISTIAN LINDNER

AFD
(ALTERNATIVE FÜR DEUTSCHLAND)

Junge Alternative www.netzseite.jungealternative.online

Die *AfD* ist die jüngste Partei im Deutschen Bundestag. Sie wurde 2013 als EU-skeptische und rechtsliberale Partei gegründet. Ihre Kernthemen sind Migration und Asyl, und sie fordert den Austritt aus der EU.

Für die *AfD* gehört der Islam nicht zu Deutschland. Für sie sind nur »deutschstämmige« Menschen auch »deutsche Bürger«. Ebenso sollte ihrer Meinung nach kein muslimischer Religionsunterricht an Schulen stattfinden.

Eine Absenkung des Wahlalters lehnt die *AfD* ab und fordert, das Strafmündigkeitsalter auf zwölf Jahre abzusenken. Sie möchte eine allgemeine Wehrpflicht für junge Männer und Frauen im Alter zwischen 18 und 29 Jahren einführen. Die *AfD* steht einem Pflichtjahr für alle jungen Menschen sehr positiv gegenüber.

Die bekanntesten Gesichter der Partei sind die Vorsitzenden der Bundestagsfraktion Alexander Gauland und Alice Weidel. Jörg Meuthen, der Parteivorsitzende, ist auch Mitglied im EU-Parlament.

FREIE WÄHLER

FREIE WÄHLER

Junge Freie Wähler-www.junge-freie-waehler.de

Die *Freien Wähler* sind bislang im Bundestag nicht vertreten, aber in einigen Landtagen. Die Partei lehnt Lobbyismus ab und will unabhängig sein, deshalb nimmt sie − anders als andere Parteien − grundsätzlich keine Konzernspenden an.

LOBBYISTEN versuchen, meist über persönliche Kontakte zu mächtigen Menschen, Einfluss auf Entscheidungen zu nehmen und ihre Interessen durchzusetzen. Ziel kann z. B. eine Gesetzesänderung sein. Ein Kichererbsenproduzent könnte z. B. versuchen, die Politik zu überreden, Linsen mit höheren Steuern zu belegen, damit die Leute mehr Kichererbsen kaufen.

Die Aussetzung des Wehrdienstes sehen die *Freien Wähler* als großen Fehler an und befürworten deshalb das Soziale Jahr. Eine generelle Senkung des Wahlalters sehen sie skeptisch, sind jedoch für ein Wahlrecht ab 16 bei Kommunalwahlen offen.

Je früher wir junge Menschen in gesellschaftspolitische Prozesse einbinden, umso besser ist es.

HUBERT AIWANGER

Hier kurz die Basics zum Freiwilligen Jahr eingestreut:

- ➔ **DAS SOZIALE JAHR (FSJ):** in Kindergärten, Altenpflegeheimen oder im Förder- und Betreuungsbereich.
- ➔ **DAS ÖKOLOGISCHE JAHR (FÖJ):** in Umweltbildungseinrichtungen, Forstwirtschaft oder Tierpflege.
- ➔ **DEN INTERNATIONALEN JUGENDFREIWILLIGENDIENST (IJFD):** in Kultureinrichtungen oder Kindergärten im Ausland.

Und zum Schluss noch eine überraschende Info: Parteien sind nicht unbedingt für die Ewigkeit gemacht. Manche kommen und verschwinden dann irgendwann wieder. Dafür werden andere neu gegründet.

Eine Partei kann verboten werden, wenn das Bundesverfassungsgericht feststellt, dass sie sich verfassungswidrig verhält. **PARTEIVERBOTE** gab es in der Geschichte der Bundesrepublik Deutschland erst zweimal. 1952 wurde die Sozialistische Reichspartei und 1956 die Kommunistische Partei Deutschlands verboten. Ein Verbot der rechten Partei *NPD* scheiterte 2017 vor dem Bundesverfassungsgericht, weil – und jetzt kommt's – die rechtsextreme Partei zu bedeutungslos sei, um die Demokratie zu gefährden.

➡ VON HIP-HOP BIS TIERSCHUTZ – DIE KLEINPARTEIEN

Über 100 verschiedene Parteien gibt es bei uns in Deutschland. Die meisten davon sind sogenannte Kleinparteien. Einige von ihnen haben sich auf bestimmte Themen spezialisiert. Darunter auch solche, die sich auf den ersten Blick vielleicht gar nicht so politisch anhören.

Kleinparteien – eine Auswahl:
Ökologisch-Demokratische Partei (ÖDP)
Partei Mensch Umwelt Tierschutz (Tierschutzpartei)
Die Urbane - Eine HipHop Partei
DIE PIRATEN
Volt Europa

Nur sehr wenigen Kleinparteien gelingt es, bei Wahlen so erfolgreich zu sein, dass sie die Fünf-Prozent-Hürde nehmen und tatsächlich im Bundestag oder einem der 16 Landesparlamente mitwirken können.

Ihr Bekanntheitsgrad ist nicht so groß und beschränkt sich meistens auf die kommunale Ebene. Das hat jedoch nicht unbedingt mit der schlechteren Qualität ihrer Arbeit zu tun. Bei manchen siehst du allerdings schon am Namen, dass sie die Politik nicht ganz so ernst nehmen. 😉

Wenn du wissen willst, was Hip-Hop oder Piraten mit Politik zu tun haben, dann schau einfach mal auf deren Homepage.

Es gibt auch eine Partei, die dich absichtlich zum Lachen bringt und in den letzten Jahren immer wieder für Aufmerksamkeit gesorgt hat: *Die PARTEI (Partei für Arbeit, Rechtsstaat, Tierschutz, Elitenförderung und basisdemokratische Initiative).*

Sie ist gerade bei Jungwählern eine beliebte Protestpartei. So wird eine Partei bezeichnet, die sich darauf beschränkt, gegen bestimmte politische oder gesellschaftliche Verhältnisse zu protestieren.

Das macht *Die PARTEI* auf eine satirische Weise. So setzt sie sich zum Beispiel für eine bundesweite Bierpreisbremse ein und fordert den sofortigen Stopp von Tierversuchen. Denn Tiere sind zum Niedlich-Finden und zum Aufessen da. Lipgloss, Arsch-Make-up, Biomarmelade und Medikamentencocktails sollen an Spitzensportlern getestet

werden, weil die sowieso allerhand Substanzen gewöhnt sind, oder in *BibisBeautyPalace*.

Beim Thema Schulsystem fordert *Die PARTEI* die Wiedereinführung des Notabiturs: Schüler werden Anfang Juni eine halbe Stunde an der Tafel geprüft, die Lösungen werden vorher im Netz veröffentlicht. Anschließend: chillen! Ob und wie sinnvoll *Die PARTEI* wirklich ist, darüber lässt sich natürlich streiten. Letztendlich kann das immer nur jeder für sich selbst entscheiden, egal um welche Partei es sich handelt.

Man muss gar nicht unbedingt einer Partei angehören, um für ein Parlament gewählt zu werden. **PARTEILOSE POLITIKER** brauchen nur die Unterstützung von mindestens 200 Wahlberechtigten des Wahlkreises, um sich als Direktkandidaten in die Wahlliste eintragen zu lassen.

➡ SEI DEIN EIGENER WAHL-O-MAT!

Jetzt hast du schon mal den ersten Einblick in die Welt der Parteien. Ob eine große oder eher eine kleine Partei dein Herzblatt wird, liegt nun an dir. Ich helfe dir auf Seite 140 dabei!

ENTSCHEIDUNG

DSGVO, AGB, WTF?

Wichtig für angehende Bloggerinnen – und überhaupt alle, die im Internet aktiv sind: Datenschutz ist ein Grundrecht, er ist im Grundgesetz und auf europäischer Ebene festgeschrieben. Zum Schutz der persönlichen Daten von Besuchern ist die DSGVO, also die DATENSCHUTZ-GRUNDVERORDNUNG, eine Pflicht für jede Webseite. Also auch für meinen Blog – und für deinen.

Wer einen Blog gründet, muss sich mit der DSGVO beschäftigen. Das kannst du am besten bei der Plattform, also dem Bloganbieter, bei dem du deinen Blog betreiben möchtest.

Genauso wichtig ist die **Impressumspflicht**. Hintergrund ist, dass die Leserinnen deiner Seite wissen sollen, mit wem sie es zu tun haben.

Klingt vielleicht auf den ersten Blick etwas trocken und förmlich, aber wenn man sich darüber mal informiert, kann das sogar richtig interessant werden. Umgekehrt gilt: **Wenn du bei DSGVO- und Impressumsfragen was falsch machst, kann es richtig Ärger geben.**

IMPRESSUM-CHECK

Klick einfach mal auf den Webseiten, die du gerne besuchst, auf den Impressum-Button. Dort siehst du, wer tatsächlich verantwortlich für die Seite ist. Da kannst du so einige Überraschungen erleben!

Egal, welche App du nutzt, alle haben seitenlange **Allgemeine Geschäftsbedingungen**, kurz AGB.

Muss ich mir das wirklich durchlesen? Ist doch total kompliziert und langweilig! Das check ich sowieso nicht.

Ja, ehrlich gesagt ist das wirklich ziemlich kompliziert, und mir geht es damit auch nicht anders. Aber »kompliziert« heißt ja nicht, dass es deshalb nicht wichtig ist. Und falls du einen Blog oder eine andere Internetseite hast, für den aus irgendeinem Grund AGB nötig sind, musst du dich sowieso damit beschäftigen.

Deshalb lass uns mal einen Blick auf die AGB werfen. Das kann ich natürlich nicht alleine, deshalb hab ich mir Rat dafür geholt: beim wohl bekanntesten Fachmann im Netz, Medienrechtsanwalt Christian Solmecke.

Alles, was du über AGB wissen musst, habe ich mit Christian Solmecke für dich zusammengestellt.

Was legen AGB eigentlich fest? **Grundsätzlich legen sie die Rechte und Pflichten der Nutzer sowie die der Plattform selbst in ausführlicher Form fest**, zum Beispiel das Mindestalter der Nutzerinnen. Ein Beispiel: Wenn du ein Profil etwa auf *Instagram*® erstellen möchtest, muss du laut den *Instagram*®-AGB mindestens 13 Jahre alt sein.

Oder ein anderes Thema: Wem gehören eigentlich deine Bilder auf *Insta* wirklich? *Instagram*® hat laut seinen AGB das Recht, deine geposteten Inhalte im Rahmen einer Lizenz zu nutzen. Nicht ganz fair, oder? Du kannst das einschränken und regulieren, indem du in den Privatsphäre-Einstellungen die Option auswählst, dass dein Profil nicht öffentlich einsehbar sein soll.

Auf Seite 148 erzähl ich dir noch mehr dazu, was du im Netz darfst und nicht darfst.

FINDE DEINE PARTEI!

Stell dir mal die Frage: Was muss die Politik tun, damit deine Zukunft so wird, wie du sie dir vorstellst? Dann notier einfach die fünf Punkte, die für dich am wichtigsten sind.

Und dann vergleiche deine Punkte mit den Programmen und Zielen der verschiedenen Parteien. Nimm Infos aus dem Netz zu Hilfe, wenn du mit meinen Beschreibungen der Parteien oben nicht weiterkommst.

Für welche Partei würdest dich jetzt entscheiden, wenn du morgen wählen dürftest?

....

....

....

....

....

....

....

PARTEI

Auf ein paar Probleme wirst du bei deinen Recherchen sicher gestoßen sein:

TIPP:
Zu wissen, welche Partei zu einem passt, ist mindestens genauso wichtig, wie sich über die Parteien zu informieren, hinter denen man so gar nicht steht.

Kein einziges Parteiprogramm stimmt ganz genau mit deinen Ansichten überein.

Bei der einen Partei findest du vielleicht fast alle Punkte wieder, die dir wichtig sind. Aber dafür ist dir vielleicht der Parteivorsitzende nicht so sympathisch. Oder – Luxusproblem – dir gefallen zwei Parteien gleich gut? Was tun?!

Tja ... politische Entscheidungen sind oft schwierig. Nicht nur für Politiker.

Wenn alles nichts hilft und du einfach nicht die richtige Partei für dich findest, kannst du auch deine eigene Jugendpartei gründen. Das geht nicht? Doch!

Im Jahr 2017 haben Schüler eines Gymnasiums in Rheine in Nordrhein-Westfalen die Partei *JED (Jugend- und Entwicklungspartei Deutschlands)* gegründet. Die Partei gehörte zwar zu den kleinsten, die wir in Deutschland je hatten, aber das war trotzdem eine gute Sache – und das zählt doch auch schon! Leider wurde sie mittlerweile aufgelöst, das ist doch ein umso besserer Grund, mal eine neue ins Leben zu rufen, oder?

PROGRAMM

Wenn dir das jetzt alles too much ist, mach dich erst mal wieder locker. Denn letztlich geht es ja zunächst um Folgendes:

Informiere dich über die Parteien.

Bei welcher Partei findest du die meisten Übereinstimmungen mit deiner aktuellen Meinung?

Du erkennst sicher schnell, welche Partei für dich überhaupt nicht infrage kommt.

Du hast am Ende so viel Wissen über die Parteien, dass man dir nicht mehr einfach alles erzählen und dich beeinflussen kann.

Du kannst mitreden und erkennst Parolen, die nur aufhetzen sollen und sachlich nicht richtig sind.

➡ GRAU, GRAUER, POLITIK

Die Bundesrepublik Deutschland ist jetzt ungefähr ein Menschenleben alt, aber garantiert noch lange nicht veraltet. Was man leider nicht von allen Politikern behaupten kann. Denn wenn man aufspüren will, wie grau Politik ist, dann muss man wirklich nicht Sherlock Holmes sein. Es reicht, mal in die Tagesschau reinzugucken:

ALT

Überall fast nur grauhaarige Männer!

Aber wie grau ist die Politik tatsächlich? Wenn ich mir nur mal den 19. Bundestag (2017–2021) ansehe, dann stelle ich fest, dass der im Durchschnitt 51 Jahre alt war, also sieben Jahre älter als der Altersdurchschnitt der gesamten Bevölkerung. Und wie viele Bundestagsabgeordnete waren unter 20 Jahren alt? Du errätst es schon … null! Null-kommanull.

Diese Statistik zieht sich durch alle Ebenen der Politik.

Zukunftsorientierung sieht für mich anders aus.

Oder wenn ich sehe, dass nach der Bundestagswahl 2017 ein Abgeordneter namens Wilhelm von Gottberg (*AfD*) in den Bundestag eingezogen ist, der mitten im Zweiten Weltkrieg geboren wurde, dann wirkt das nun mal für junge Augen ziemlich grau.

Okay, jetzt sagst du vielleicht, dass ein höheres Lebensalter auch eine gewisse Erfahrung oder Weisheit verleiht – deine Oma ist schließlich auch eine kluge Frau.

Lebenserfahrung ist in der Politik sicherlich ein sehr wichtiger Aspekt, um Entscheidungen mit Besonnenheit treffen zu können, klar. Aber eben nicht nur!

JUNG

Denn auf der anderen Seite sorgt das hohe Durchschnitts-alter der Politiker in meinen Augen dafür, dass sich viel weniger bewegt, weil diese Politiker eingestaubte Strukturen weniger hinterfragen oder sich schwertun, Gesetze zu ändern, die aus anderen Zeiten stammen und dringend mal Richtung Zukunft verändert werden müssten.

Da muss dringend frischer Wind rein!

Denn wir werden es mit völlig neuen Herausforderungen zu tun haben, und die erfordern auch neue Ideen. Das soll jetzt nicht heißen, dass nur junge Politikerinnen alle Probleme lösen können. Aber zumindest sollten mehr junge Menschen eine Chance bekommen, Verantwortung in der Politik zu übernehmen.

TIPP:
Brand New Bundestag fördert junge Politiker, die verschiedenen Parteien angehören oder parteilos sind.

Tipp am Rande: Es lohnt sich, genauer hinzugucken, wenn ein Politiker anders aussieht als die anderen. Wenn jemand Turnschuhe trägt (wie das einer der ersten »berühmten« *GRÜNEN*, Joschka Fischer, vor vielen Jahren getan hat), während alle anderen Männer in Anzug und Krawatte rumlaufen, hat er vielleicht auch was anderes zu sagen.

Und wenn jemand knallpink aus einer Herde grauer Anzüge rausleuchtet, ist das vielleicht die einzige Frau weit und breit. Immerhin besteht dann Hoffnung, dass das nicht mehr lange so bleiben wird. Genauso, wenn ein Abgeordneter im Rollstuhl dabei ist. »Anders zu sein« bedeutet in der Politik nicht nur weniger Langeweile, sondern kann auch der Anfang einer größeren Veränderung sein. »Bunt« muss die neue Farbe werden.

→ LICHT AM GRAUEN HORIZONT

Der jüngste Bürgermeister, der in der Bundesrepublik jemals gewählt wurde, ist 2020 im fränkischen Städtchen Lichtenberg zum Stadtoberhaupt ernannt worden. Kristan von Waldenfels war zu diesem Zeitpunkt 19 Jahre alt und trat für die *CSU* an.

Man kann sich vorstellen, dass viele Lichtenberger anfangs skeptisch waren. Ich kann mir bildlich vorstellen, welche Augen sie gemacht haben, als plötzlich ein 19-jähriger Kandidat vor ihnen stand und sagt: »Ich will hier Bürgermeister werden.«

Kristan hat es trotzdem geschafft, die Wähler durch viele Veranstaltungen und Diskussionsrunden von sich und seiner Politik zu überzeugen. Und wenn man es mal genau betrachtet: Hat nicht eigentlich jeder Kandidat und jede

AUSBILDUNG

Kandidatin, egal welcher Altersklasse, mit Vorurteilen zu kämpfen, mit begründeten oder unbegründeten? Was steht einem jungen Kandidaten eigentlich im Wege?

Wenn man es mal so betrachtet, sind die Chancen doch ganz okay, dass das Grau in der Politik immer bunter wird.

Die jüngste Politikerin mit Verantwortung in einer großen Partei ist Jamila Schäfer. 2018 wurde sie mit 27 Jahren zur stellvertretenden Bundesvorsitzenden der *GRÜNEN* gewählt. Was für diesen Job echt selten ist! Starke Leistung!

Auch Jamila steht für Bunt statt Grau in der Politik. Junge Menschen sind in den Parlamenten unterrepräsentiert, das sieht auch Jamila Schäfer so. Grundsätzlich haben es die Parteien in der Hand, ob sie jungen Menschen mehr Chancen einräumen. Manchmal bekommen auch junge Politiker ihre Chancen, aber insgesamt noch viel zu wenig.

Was müsste sich ändern, um den Nachwuchs in der Politik zu fördern? Für Jamila Schäfer stehen auch die Parteien in der Verantwortung. Parteien könnten zum Beispiel eine bestimmte Quote auf Wahllisten vergeben, speziell für neue Kandidatinnen und Kandidaten, die noch keine politische Erfahrung haben.

STUDIUM

So eine sogenannte »Neuenquote« würde mit Sicherheit für frischen Wind sorgen, nicht nur in den Parteien, sondern auch in der täglichen Politik. Außerdem bräuchten die Parteien ein besseres digitales Angebot, damit sich junge Menschen einfacher einbringen können.

Für Jamila heißt Politik auch, dass alle Generationen miteinander diskutieren und sich austauschen können, um die Welt zu verstehen und sie gemeinsam besser zu machen.

Und das ist das Stichwort: Miteinander.

Die Meinungen aller Generationen ernst nehmen und darüber diskutieren.

Was wir aber auf alle Fälle nicht brauchen können, wäre ein Gegeneinander, also einen Konflikt zwischen den Generationen. Denn Konflikt bedeutet Streit und Streit führt zu Stillstand.

POSTEN ODER NICHT POSTEN?

Über die DSGVO und AGB hab ich dir ja schon einiges erzählt. Einer der wichtigsten Punkte dabei sind die Persönlichkeits- und Urheberrechte. Als Nutzerin von *Instagram*® & Co darfst du zum Beispiel keine falschen Informationen über dich auf deinem Profil verbreiten oder private oder vertrauliche Informationen einer anderen Person posten.

Ebenso muss man die Urheberrechte an fremden Inhalten beachten, die man postet. Du kannst also nicht einfach etwas posten, das du irgendwo gefunden hast. Wenn du Fotos von anderen Personen veröffentlichst, müssen außerdem ihre Persönlichkeitsrechte beachtet werden. Am besten holst du vorher eine Einwilligung ein.

Du siehst schon: Es ist wichtig, dass du dich mit deinen Rechten und Pflichten auf *Instagram*® und anderen Plattformen auseinandersetzt und den AGB nicht einfach blind zustimmst. Du solltest einfach wissen, auf was du dich einlässt.

Sprich deshalb entweder mit deinen Eltern darüber. Oder, wenn ihr allein nicht weiterkommt: Es gibt auch die Möglichkeit, bei *www.jugendschutz.net* nach Unterstützung zu fragen. Denn hier arbeiten Expertinnen und Experten, die über viel Wissen und Erfahrung verfügen und Jugendlichen auch bei rechtlichen Dingen Auskunft geben können.

Nächstes Thema, auch nicht gerade easy: Reposten. Egal, ob du auf *Insta* oder auf einer anderen Plattform unterwegs bist:

Einen Beitrag eines anderen zu reposten ist alltäglich. Aber darf man das überhaupt?

Was du über Reposts wissen musst, habe ich mit dem Medienanwalt Christian Solmecke für dich zusammengestellt. Hier muss man nämlich zwischen zwei unterschiedlichen Arten des Repostens unterscheiden.

➡ **Teilen:** Wenn du ein Foto oder einen Text zum Beispiel über eine Social-Media-Plattform teilst, ist das erst einmal zulässig. Voraussetzung ist allerdings, dass die Person, die den Beitrag ursprünglich hochgeladen hat, auch ihr Urheber ist und das Teilen auf der Plattform über entsprechende Funktionen ermöglicht hat. Daraus lässt sich das Einverständnis des Urhebers ableiten. Urheber ist immer derjenige, der das Bild gemacht oder den Text geschrieben hat.

➡ **Reposten:** Vorsicht beim Kopieren und Herunterladen! **Wenn du einen Text kopierst oder ein Bild herunterlädst und dann neu postest, musst du die Urheberin des Beitrags um Erlaubnis bitten.** Ansonsten können schnell Urheberrechte verletzt sein, da du ein urheberrechtlich geschütztes Bild oder einen urheberrechtlich geschützten Text unrechtmäßig vervielfältigst. Zudem ist das sogenannte Recht auf Anerkennung der Urheberschaft verletzt, wenn der Urheber des ursprünglichen Inhalts nicht genannt wird.

Wichtig: Unter bestimmten Voraussetzungen müssen auch Minderjährige für Urheberrechtsverletzungen haften – und das kann unangenehm und teuer werden.

➡ MEIN FAZIT FÜR DICH UND DIE POLITIK

Zugegeben waren das jetzt viele Infos, die ich dir mitgegeben habe. Daraus vielleicht etwas für dich mitzunehmen ist jetzt deine Aufgabe. Vielleicht konnte ich aus manchem »Hä?« bei dir ein »Ah!« machen. Und dich vielleicht motivieren, selbst aktiv zu werden und dich für eine politische Sache, die dir wichtig ist, einzusetzen.

Mittel und Wege gibt es genug, wie du jetzt weißt. Wenn du dir noch nicht sicher bist, welche Art der Beteiligung für dich passt, dann gehe doch andersherum an die Sache heran: In welchen Bereichen würdest du etwas ändern wollen? Hier als Abschluss ein Beispiel mit ein paar Ideen, wie du strategisch vorgehen könntest, um etwas zu erreichen.

JETZT GEHT'S LOS!

Nur mal als Beispiel: Du fändest kostenlose Tickets im öffentlichen Nahverkehr für Schüler und Rentnerinnen gut? Dann könntest du für den Anfang folgendermaßen vorgehen:

⊃ Schau im Internet nach, ob es in deiner Stadt schon mal eine Diskussion zu dem Thema gegeben hat.

⊃ Guck dir die Argumente, die du findest, genau an und sammle eigene. Du musst gut vorbereitet sein, bevor du anfängst, für deine Sache zu kämpfen!

⊃ Du könntest einen Brief oder eine Mail an den Verkehrsbetrieb deiner Stadt schicken und fragen, was dagegenspricht. Vielleicht kommt ihr so ins Gespräch.

⊃ Informiere dich bei den Jugendorganisationen der Parteien, wie sie zu dem Thema stehen. Vielleicht unterstützen sie deinen Vorschlag.

Während du all das machst, kommen dir bestimmt die nächsten Ideen, wie du die Sache voranbringen könntest. Oder du entdeckst noch andere Themen, für die du dich einsetzen möchtest.

DAS KLIMA UND WIR

Wie, Klimaerwärmung? Ist doch super, wenn es wärmer wird! Winter Beach!

Hitzefrei, jeden Tag schwimmen gehen, lange draußen sein, Sonnenschein im Urlaub statt trüber Tage. Solche Supersommer gefallen wohl jedem, mir auch. Gutes Wetter ist einfach toll. Okay, im Winter fällt immer weniger Schnee, aber Wintersport ist eh nicht mein Ding.

Wenn das alles wäre, dann bräuchten wir kein *Fridays for Future*, und das Pariser Klimaschutzabkommen wäre sinnlos. Ist aber nicht alles. Deshalb graben wir uns jetzt mal tiefer in das Thema.

Dafür habe ich mir etwas Unterstützung geholt. Und zwar von Prof. Dr. Mojib Latif. Er leitet die Forschungseinheit Maritime Meteorologie am *GEOMAR Helmholtz–Zentrum für Ozeanforschung Kiel* und ist ein weltweit geachteter Klimaforscher.

Zurück zum Wetter. Wenn es sich insgesamt und dauerhaft verändert, dann haben wir ein echtes Problem. Denn dann geht es nicht nur um das tägliche Wetter hier bei uns, sondern um das weltweite Klima. Der Unterschied zwischen Wetter und Klima ist eigentlich leicht zu erklären.

Das Wetter siehst du beim Blick aus dem Fenster. Heute scheint die Sonne und morgen regnet es.

Klima ist ein langfristiger Zustand. Das Klima sorgt dafür, dass es am Nordpol immer eisig kalt ist und in der Wüste heiß und trocken. Und dass im Frühling unsere Bäume langsam wieder grün werden.

Wenn sich am Klima etwas verändert, wenn es sich also zum Beispiel über einen längeren Zeitraum um wenige Zehntel-Grad erwärmt, dann kann es sein, dass du, wenn du so alt sein wirst wie deine Eltern jetzt, beim Blick aus dem Fenster etwas anderes sehen wirst als im Moment. Mehr Wirbelstürme zum Beispiel oder den Frühling im Februar als Normalfall.

»Klimakrise, Klimakatastrophe – so 'n Quatsch! Ist doch alles kein Problem, der Klimawandel ist ganz natürlich.« Wenn das jemand sagt, ist bei mir gleich ...

... Fake-News-Alarm!

Wenn dir jemand erzählen will, dass die Klimaerwärmung ein ganz normales, natürliches Phänomen sei, dann kannst du mit einem guten Argument dagegenhalten. Ich zeig dir, wie. Überhaupt gucken wir uns das ganze Klimathema mal genauer an.

SUPERSOMMER

KLIMA

→ KLIMAWANDEL ODER KLIMAKRISE?

Zunächst mal: Ja, einen natürlichen Klimawandel gibt es tatsächlich. Denn seit es die Erde gibt, ändert sich das Klima.

Eine Ursache für den **NATÜRLICHEN KLIMAWANDEL** ist die schwankende Sonnenaktivität. Die Auswirkungen natürlicher Änderungen zeigen sich aber in Zehntausenden oder gar Millionen von Jahren durch minimale Temperaturunterschiede. Nach Vulkanausbrüchen sind auch kurzfristige Schwankungen möglich.

Doch die Klimaveränderung, mit der wir es jetzt zu tun haben könnten, ist eine in einem viel geringeren Zeitraum. Seit dem Beginn der Industrialisierung vor etwa 200 Jahren hat sich der Treibhausgas-Ausstoß auf der Erde deutlich erhöht – und mit ihm die Temperatur auf der Erdoberfläche um etwa 1 Grad Celsius. Natürliche Schwankungen der Temperatur würden in vielen Hundert Jahren nie mehr als 0,5 Grad betragen.

Das ist dein Argument, wenn jemand dir etwas von einer natürlichen Klimaveränderung erzählen will.

TREIBHAUS

Die globale Erwärmung ist »äußerst wahrscheinlich« von uns Menschen verursacht, sagen die allermeisten Wissenschaftler. Und »äußerst wahrscheinlich« bedeutet in der Sprache der Wissenschaft eine Wahrscheinlichkeit von mehr als 95 Prozent. Das erklärte mir Prof. Latif.

Auslöser für die Klimakrise ist eine komplexe Mischung vieler verschiedener Einflüsse. Zu den Klimakillern gehört vor allem der Ausstoß von Treibhausgasen. Sie entstehen, wenn fossile Brennstoffe wie Kohle, Erdöl und Erdgas verbrannt werden.

Auch die Landwirtschaft, vor allem die Viehhaltung, hat einen Anteil an der Erderwärmung. Und das gleich doppelt, denn für das Tierfutter werden oftmals Regenwälder abgeholzt. Auch das hat Folgen, die wir uns später noch genauer ansehen.

VIEHHALTUNG

GASE

FUNFACT

EINE KUH PUPST ODER RÜLPST DAUERND. KLAR, KÖNNTE AUCH NICHT ANDERS SEIN BEI SIEBEN MÄGEN. SIE VERDAUT GROSSE MENGEN GRAS UND HEU AM TAG UND ERZEUGT DABEI METHAN, DAS DEN TREIBHAUSEFFEKT VERSTÄRKT.

Viele Kühe = viel Gepupse = schlecht fürs Klima

Die Wissenschaft sagt voraus, welche Folgen die Klimaerwärmung haben wird. Fangen wir mal an mit dem Anstieg des Meeresspiegels.

Der Meeresspiegel steigt schon länger jedes Jahr um ein paar Millimeter. Klingt erst mal nicht so spannend, kann es aber werden.

Denn wenn wir den Klimawandel nicht begrenzen, dann werden die Temperaturen weiter steigen. Das heißt, dass wir bei uns in Deutschland immer mehr Hitzetage bekommen werden, mit Temperaturen weit über 30 Grad.

KOHLE

Und schließlich werden die Meeresspiegel weiter steigen. Bei uns könnte der steigende Meeresspiegel ab Mitte des Jahrhunderts auch zu einem Problem werden, weswegen wir heute schon die Deiche erhöhen.

PROF. DR. MOJIB LATIF

Klimaforscher sagen: Wenn es uns nicht gelingt, die Erderwärmung auf deutlich unter 2 Grad gegenüber der vorindustriellen Zeit (damit meint man den Zeitraum 1850–1900) zu begrenzen, wird der dicke Eispanzer in Grönland schmelzen. Damit hat er schon angefangen, und die Geschwindigkeit der Eisschmelze nimmt zu.

Die Uhr tickt also!

Richtig schlimm würde es, wenn die Temperatur um 3 Grad steigen würde. Der Eisschild würde wahrscheinlich komplett schmelzen und der Meeresspiegel um über sieben Meter steigen.

Dann wäre beispielsweise Hamburg nur noch bewohnbar, wenn es von sehr hohen und bruchsicheren Dämmen umgeben wäre, denn es liegt nur sechs Meter über dem Meeresspiegel. Für Bremerhaven wäre es noch viel dramatischer: Es liegt nur etwa drei Meter über dem Meeresspiegel.

Tja, und Grönland – und mit ihm wir alle – wird nicht erst in der Zukunft Probleme bekommen. Sie sind schon jetzt sichtbar.

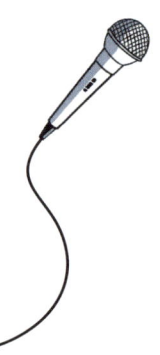

Ich habe nicht damit gerechnet, dass es so sichtbar ist, wie schnell das Eis in der Polarregion schmilzt. Ein Grund dafür ist, dass sich die Arktis doppelt so schnell erwärmt wie der Rest des Planeten. Das Eis zieht sich in Rekordgeschwindigkeit zurück, das zeigen Satellitenmessungen, und sogar vom Flugzeug aus sind unzählige Schmelzwasserseen zu sehen.

ANTON HOFREITER

Anton Hofreiter, Politiker bei den *GRÜNEN*, ist 2017 in das Gebiet gereist und hat sich einen Eindruck verschafft. Als er mir bei einem Interview sein Handy in die Hand drückte und die Fotos von seiner Reise zeigte, konnte ich deutlich

merken, wie entsetzt er über die Lage im »ewigen Eis«
war.

Eis ist nicht gleich Eis! Wenn der Eisschild auf Grönland schmilzt, steigt der Meeresspiegel. Denn das Eis fließt vom Festland ins Meer, die Gesamtmenge an Wasser im Meer erhöht sich also. Das **EIS AM NORDPOL** dagegen schwimmt im Meer. Wenn schwimmendes Eis schmilzt, füllt das Schmelzwasser hinterher im Meer genau das Volumen, das vorher vom Eis verdrängt wurde. So wie der Eiswürfel im Wasserglas. Der bringt das Glas ja auch nicht zum Überlaufen, wenn er schmilzt.

Prof. Dr. Mojib Latif geht davon aus, dass wir das Meereis am Nordpol bis zum Jahr 2100 in den Sommermonaten komplett verlieren werden, wenn wir das Klimaschutzziel nicht erreichen.

Was das dann letztendlich für das arktische Ökosystem bedeutet, weiß noch niemand ganz genau.

Fakt ist, dass nicht nur Eisbären oder Robben ihren Lebensraum verlieren werden. Schon jetzt verändert sich die Tierwelt – und dazu zählen auch Insekten, Fische und viele andere wenig spektakuläre Tiere – durch den Klimawandel überall auf der Erde.

Und jetzt gucken wir noch schnell von Nord nach Süd. Beim Südpol hätte das Abschmelzen des Eises ganz andere Folgen als am Nordpol. Der Südpol ist ein Kontinent: Antarktika. Das Eis dort schwimmt nicht auf dem Meer wie am Nordpol, sondern liegt auf dem Festland.

Im Durchschnitt ist das Eis gut 2.100 Meter dick. Zum Vergleich: Die Zugspitze, der höchste Berg in Deutschland, ist 2.962 Meter hoch.

Wenn das **EIS AM SÜDPOL** schmelzen würde, hätten wir, auch bei uns in Mitteleuropa, ein Riesenproblem. Der Meeresspiegel würde, wenn es komplett weg wäre, um ungefähr 60 Meter ansteigen. Was bedeuten würde, dass sogar Köln überflutet wäre und nur noch die Domspitzen zu sehen wären.

Bloß gut, dass das Eis der Antarktis nach Einschätzung der Wissenschaft wahrscheinlich nie ganz schmelzen wird. Aber am Südpol geht mittlerweile sechsmal so viel Eis verloren wie noch vor 40 Jahren.

Überschwemmungen der Küstenorte und Extremwetterereignisse wären also auch bei uns in Deutschland eine Folge der Klimaerwärmung. Sie würden nicht nur uns Men-

schen betreffen, sondern auch alle Tiere und Pflanzen. Viele Tier- und Pflanzenarten könnten aussterben.

Andere Regionen werden die Folgen noch viel schlimmer spüren. In Australien ist es sowieso heiß, schon jetzt werden gar nicht selten Temperaturen von 50 Grad gemessen. Für den australischen Busch ist das eine Katastrophe.

Allein im Jahr 2019 verbrannte dort eine Fläche, die halb so groß ist wie Deutschland. Das war nicht nur für Menschen lebensgefährlich, sondern auch für die dortige Tierwelt. Viele Millionen Tiere sind gestorben.

Das Gleiche gilt für das Amazonas-Gebiet in Südamerika. Durch die Klimaerwärmung könnte der komplette Regenwald vernichtet werden. Denn das Ökosystem dort ist sehr sensibel. Das hat mit seiner besonderen Eigenschaft zu tun. Denn wie der Name schon sagt, erzeugt der Regenwald seinen Regen selbst.

Was an Wasser dort verdunstet, fällt auch als Regen wieder runter. Aber nur, wenn ausreichend Waldfläche da ist. Wenn also immer mehr Bäume verbrennen oder abgeholzt werden, wird irgendwann zu wenig Waldfläche da sein. Mit der Folge, dass es dort zu wenig regnen wird und der Wald austrocknet.

Der **AMAZONAS-REGENWALD** wird auch als »grüne Lunge der Erde« bezeichnet. Er produziert sehr viel Sauerstoff und filtert Treibhausgase aus der Luft heraus. Ohne den Regenwald hätten wir noch mehr CO_2 in der Luft, und die Klimaerwärmung wäre noch schwerer aufzuhalten.

Jetzt könnte man behaupten: Alles nicht so schlimm! Die Weltmeere produzieren einen Großteil des Sauerstoffs auf der Erde und absorbieren am meisten CO_2. Puh, noch mal Glück gehabt. Ist aber leider nicht ganz richtig.

Denn die Meere können nicht unendlich viel CO_2 absorbieren. Der Anteil von CO_2 im Meerwasser wird immer höher und gleichzeitig der Sauerstoff weniger. Das hat Folgen für viele Meerestiere und Pflanzenarten. Und für uns.

Denn es erwärmen sich nicht nur die Landregionen, sondern auch die Meere.

Das alles kann das Ökosystem der Meere kippen und zerstören.

Du siehst, wie wichtig gesunde Weltmeere sind. Sie kaputt zu machen ist eine sehr, sehr schlechte Idee. Leider gibt's neben der Klimaerwärmung noch etwas anderes, das ziemlich schlecht für das Ökosystem der Meere ist: Plastikmüll! Dazu später mehr.

Was ich dir gerade erzählt habe, wusstest du vielleicht schon. Ganz schön hart alles, oder? Leider geht's noch weiter – da müssen wir jetzt zusammen durch.

Das Klima kennt keine Ländergrenzen.

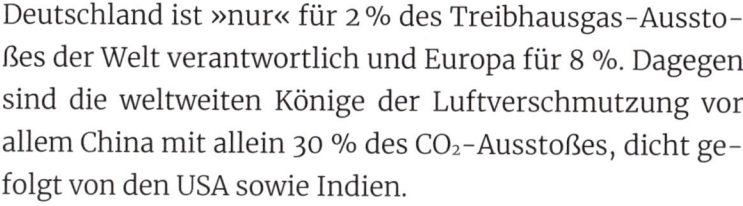

Damit ist klar, dass der Kampf gegen die Klimaerwärmung eine weltweite Angelegenheit ist. Deshalb schauen wir uns mal kurz international um, bevor wir uns ansehen, was bei uns in Deutschland alles gegen die Klimaerwärmung gemacht wird.

Deutschland ist »nur« für 2 % des Treibhausgas-Ausstoßes der Welt verantwortlich und Europa für 8 %. Dagegen sind die weltweiten Könige der Luftverschmutzung vor allem China mit allein 30 % des CO_2-Ausstoßes, dicht gefolgt von den USA sowie Indien.

Das liegt daran, dass diese Länder viel mehr Einwohner haben als Deutschland. Kein Wunder, dass sie mehr Treibhausgase produzieren. Wenn man sich den Ausstoß pro Kopf anguckt, sieht die Sache ganz anders aus.

Da liegen Katar und die Vereinigten Arabischen Emirate beim CO_2-Ausstoß ganz weit vorne, die USA auf Platz 5. Deutschland ist auf Platz 11 (Österreich: 15, Schweiz: 25),

China deutlich hinter uns auf Platz 16 und Indien viel weiter hinten auf Platz 29. Bei uns verursacht jeder Einzelne ungefähr so viel CO_2 wie eine Person in China und eine in Indien zusammen.

Letztlich ist es aber egal, welches Land mehr oder weniger Treibhausgase produziert. Denn wenn man die Klimaerwärmung in den Griff bekommen will, müssen alle Länder dafür sorgen, dass der Ausstoß insgesamt sinkt. Das Ziel aller politischen Diskussionen und Maßnahmen in jedem einzelnen Land und damit weltweit sollte lauten:

Klimaneutralität.

Klimaneutralität bedeutet: Das Klima wird durch Prozesse und Tätigkeiten nicht beeinflusst. Das kann man dadurch erreichen, dass man einfach nichts produziert, denn dann entsteht auch kein CO_2, logisch. Das wäre die sicherste Möglichkeit. Aber sie ist unrealistisch. Wir brauchen etwas zu essen, zum Anziehen, Möbel, Häuser, ohne das alles geht es nicht. Zweite Möglichkeit: Man produziert etwas – aber so, dass dabei kein CO_2 ausgestoßen wird. Schwierig.

Oder – realistischste Möglichkeit – beim Produktionsprozess entsteht zwar CO_2, aber das wird an anderer Stelle ausgeglichen durch Maßnahmen, die zum Klimaschutz beitragen: Wälder wachsen lassen zum Beispiel oder Moore wieder in ihren natürlichen Zustand zurückversetzen.

Also, je gesünder die Weltmeere, je mehr Bäume, umso besser funktioniert's. Ist doch eigentlich ganz einfach?

Wie sieht es also aus mit der Klimaneutralität? China hat entschieden, bis 2060 klimaneutral werden zu wollen. Puh, das ist auf jeden Fall noch eine Weile hin! Europa hat gemeinschaftlich beschlossen, die Klimaneutralität immerhin bis 2050 anzustreben. Das hört sich doch schon ein kleines bisschen besser an.

Bei uns in Deutschland hat die Politik mit dem Klimaschutzprogramm beschlossen, den Ausstoß von Treibhausgasen bis 2030 um 55 Prozent zu verringern.

Aber: Ist das realistisch? Und wenn ja: Reicht das?

Die gute Nachricht zuerst. Bei allen schlimmen Folgen, die die Corona-Pandemie hat, eine Sache war nicht schlecht:

Deutschland hat im Jahr 2020 seine Klimaziele eingehalten! Yeah!

167

REGENWALD

Das lag vor allem daran, dass durch die Lockdowns weniger Leute mit dem Flugzeug, auf Schiffen oder in ihren Autos unterwegs waren. Ohne die Pandemie hätte Deutschland seine Ziele für 2020 allerdings sicherlich verfehlt.

Für andere Länder ist es noch schwieriger, möglichst schnell CO_2 einzusparen. Selbst in Europa haben nämlich nicht alle Länder die gleichen Voraussetzungen, und manche stellt das Ziel, bis 2050 die Energiewende zu schaffen, vor enorme Herausforderungen.

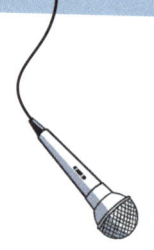

Vor allem Polen, Ungarn oder manch andere mittel- und osteuropäische Staaten tun sich da etwas schwerer, weil dort ein Großteil der Stromversorgung vom Kohlestrom abhängt. Dagegen wird es für Frankreich leichter, weil sie hauptsächlich auf Atomenergie setzen.

MANFRED WEBER

Aber nicht nur bei uns und in der EU geht es nicht schnell genug mit dem Klimaschutz. Im Gegenteil: Nicht überall wird Klimaschutz überhaupt ernst genommen. Nicht nur, dass der Regenwald aufgrund der Klimaerwärmung eh schon genug Probleme hat. Nein, jeden Tag werden dort auch noch riesige Flächen gerodet.

Das hat Gründe. Einer davon ist das aus Ölpalmen gewonnene Palmöl, das zum Beispiel in einem Schokoaufstrich auf unserem Frühstückstisch landet. Denn um diese Palmen in Südamerika anzupflanzen, muss Ackerfläche geschaffen werden. Dafür werden jede Minute umgerechnet etwa 42 Fußballfelder Regenwald zerstört.

Hier haben wir also mal wieder einen Punkt, an dem sich Politik in unserem Alltag versteckt, konkret: auf unserem Frühstücksbrot. Jetzt mal ehrlich: Würdest du auf dein Schokocreme-Brot verzichten wollen, um einen Baum am anderen Ende der Welt zu retten?

> **TIPP:**
> Wenn du gerne Nougatcreme isst, muss trotzdem nicht unbedingt der Regenwald für dein Butterbrot abgeholzt werden. Es gibt Brotaufstriche ohne Palmöl. Im Internet findest du Hinweise, worauf du beim Einkauf achten solltest.

DAS KLEBRIGE NETZ

Das Grundprinzip des Internets ist (und das darfst du wirklich nie vergessen!): **Egal, was du postest – einmal drin, nie mehr raus!** Denn es heißt nicht umsonst »das Netz«. Ich vergleich es gerne mit einem Spinnennetz. Wenn eine Spinne ihr Netz spinnt, will sie auch nur eines: dass ein leckeres Abendessen am Netz kleben bleibt. Wenn die Fliege nicht aufpasst, gibt es kein Zurück mehr.

Aber sind wir wirklich so hilflos wie die Fliegen? Theoretisch ist es so: Wenn du etwas von dir löschen lassen willst, dann musst du dich bei dem Seitenbetreiber melden und eine Löschung beantragen.

Aber selbst wenn es dann gelöscht wird, kann trotzdem irgendjemand davon vorher einen Screenshot angefertigt oder es anderweitig gespeichert haben. **Deswegen kann man nie sicher sein. Ich kann dir immer nur raten, genau zu überlegen, was du postest.** Wie heißt es immer so schön: »Vorsicht ist besser als Nachsicht«. Das Netz ist einfach 'ne klebrige Sache!

Call-to-Action:

GOOGLE DICH SELBST

Mach doch mal einen Selbsttest und google dich! Triff dich dazu am besten mit deinen Freunden. Jeder sucht nach dem anderen. Was findet ihr in zehn Minuten über euch heraus? Seid ihr überrascht, oder ist alles paletti?

Wenn sensible Daten von dir, wie eines deiner Passwörter oder andere Zugangsdaten, in die falschen Hände geraten, kann das richtig gefährlich werden. Hackerangriffe sind keine Fiktion, sondern leider Realität. Lass nicht zu, dass Kriminelle deine Daten zum Beispiel zum Identitätsdiebstahl nutzen und dann auf deine Kosten einkaufen. Oder wenn es ganz fies wird, sogar Lügen über dich verbreiten.

Pass lieber (immer!) gut auf deine persönlichen Daten auf und gib sie nicht arglos weiter. Dein Passwort solltest nur du selbst kennen, sonst niemand! Schütze deine Passwörter wie eine Elefantenmutter ihr Baby. Ein starkes Passwort ist ein Muss! Aber was ist ein supersicheres Passwort? Auf Seite 192 geb ich dir ein paar Tipps.

⮕ KANN DEUTSCHLAND KLIMAPOLITIK?

Wenn wir jetzt den Blick noch mal nach Deutschland richten und genauer auf die Parteien sehen, dann wird schnell klar, dass das Klima zwischen ihnen auch oft nicht besonders gut ist. Kleiner Scherz. Aber dafür ist die Klimapolitik tatsächlich besser, als ihr Ruf es vermuten lässt.

Und das, obwohl jede Partei natürlich ihre eigenen Vorstellungen hat, wie die Klimaerwärmung aufzuhalten ist. Nur die *AfD* nicht, weil sie den menschengemachten Klimawandel einfach leugnet. Gucken wir mal, was die deutsche Regierung gegen die Klimaerwärmung macht.

Ein ganz wichtiger Schritt ist, aus der Kohleverstromung auszusteigen.

Denn Braun- und Steinkohlekraftwerke schaden dem Klima. Sie produzieren derzeit zwar etwa 40 % unseres Stroms, sind aber für 80 % der CO_2-Emissionen in Deutschland verantwortlich. Deshalb ist es beschlossene Sache, das Deutschland bis 2038 schrittweise aus der Kohleverstromung aussteigt.

Kernkraft ist keine Alternative zur Stromgewinnung. **KERNKRAFTWERKE** gelten zwar als relativ klimafreundlich, aber nach der Reaktorkatastrophe in Fukushima 2011 hat Deutschland entschieden, bis spätestens Ende 2022 alle Kernkraftwerke abzuschalten. Ab 2023 wird deshalb kein heimischer Atomstrom mehr zur Verfügung stehen.

Das bedeutet, dass wir mehr Strom aus erneuerbaren Energien gewinnen müssen, also aus Wind- und Sonnenenergie oder Wasserkraft. Aber können wir so tatsächlich den gesamten Strom, den wir in Deutschland brauchen, produzieren?

Theoretisch ja. Prof. Latif geht davon aus, dass zum Beispiel ein Bruchteil der Sonnenenergie, die in der Sahara zu gewinnen wäre, ausreichen würde, um die gesamte Erde mit Energie zu versorgen.

Demnach gibt es eigentlich kein Energieproblem auf der Erde.

»Hä? Und warum nutzen wir dann nicht längst die Sonnenenergie dort?«, höre ich dich gerade seufzen. Tja, wenn es so einfach wäre …

Zum einem ist die Technik noch nicht so weit, den Strom verlustfrei über den kompletten Planeten zu transportie-

173

ren, dafür müssten gigantische Langstrecken-Stromleitungen gebaut werden.

Zum anderen müssten dafür alle Länder zusammenarbeiten – das ist eine echte Herausforderung. So schön sich die Vision »weltweiter Strom aus der Sahara« auch anhört, noch ist es eine Vision und wird es vorerst bleiben.

Aber vielleicht muss das nicht für immer so bleiben. Der Vorschlag von Prof. Latif findet jedenfalls in der Politik, zumindest bei der *FDP*, großen Anklang.

In der Tat ist es eine faszinierende Vision, Klimaschutz mit Technologie anzustreben und global zu denken. Das löst viele Probleme. Konkret kann man mit Sonnenenergie aus dem globalen Süden zum Beispiel grünen Wasserstoff produzieren, der bei uns dann Lkws antreibt oder die Stahlproduktion klimafreundlich macht.

CHRISTIAN LINDNER

Doch im Moment ist das nicht mehr als eine Zukunftsvision, und da wir in Deutschland keinen Dauersonnenschein haben, will die deutsche Politik die alternative Stromgewinnung und hier vor allem die Windenergie ausbauen.

WINDRÄDER

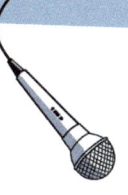

> **Wenn Windräder gemeinsam mit Fotovoltaik (Sonnen-energie), Wasserkraft und anderen erneuerbaren Ener-gien Atomkraftwerke ersetzen können, dann ist das eine saubere Alternative zur Stromgewinnung, die wir nutzen sollten.**
>
> ## HUBER AIWANGER

Das hört sich jetzt doch eigentlich ganz easy an.

Leider hat die Windenergie aber einen Haken. War ja klar.

Denn die Frage ist längst nicht mehr, *ob* Windräder gebaut werden sollen, sondern *wo*. Standorte für Windkraftanlagen zu finden ist wahnsinnig schwierig.

Das hört sich jetzt vielleicht komisch an, ist es aber laut Hubert Aiwanger ganz und gar nicht. Denn: Viele Bürger und Tierschutzorganisationen wollen den Aufbau von Windrädern verhindern. Weil sie Geräusche machen, weil ihr Anblick nicht jedem gefällt und weil durch die rotierenden Flügel nicht nur unzählige Insekten, sondern auch viele Vögel sterben.

Tja, das sind dann die unschönen Entscheidungen, die Politiker treffen müssen. Artenschutz und Klimaschutz: Beides total wichtig. Was meinst du dazu?

SOLARENERGIE

Zur aktuellen Klimapolitik gehört aber nicht nur der Umstieg auf erneuerbare Energien, wie Wind, Sonne und Wasserkraft. Sondern auch die direkte Reduzierung des CO_2-Austoßes. Im Moment hat der Straßenverkehr in Deutschland mit knapp 20 % einen großen Anteil an den Treibhausgasen.

Um den CO_2-Austoß im Straßenverkehr zu verringern, setzt die Bundesregierung auch auf den Ausbau der **ELEKTROMOBILITÄT.** Ziel ist es, bis 2030 zwischen sieben und zehn Millionen Elektrofahrzeuge in Deutschland zuzulassen. Dafür bräuchte man aber auch genügend Ladestationen für die Elektrofahrzeuge.

Bahnen und Busse werden von der Bundesregierung künftig finanziell massiv gestärkt. Die Bundesländer bekommen jedes Jahr über zehn Milliarden Euro vom Bund. Dafür sollen die öffentlichen Verkehrsmittel von der Deutschen Bahn bis zum Stadtbus ausgebaut werden. Was auch für dich interessant sein könnte: Ausbildungs-Tickets sollen günstiger werden!

Du siehst also, dass die Politik tatsächlich einiges gegen die Klimaerwärmung unternimmt und auch noch einiges vorhat.

ELEKTRO

Allerdings sind das fast alles langfristige Maßnahmen.

Könnten oder müssten wir nicht schon früher klimaneutral sein und nicht erst ab dem Jahr 2050? Denn Zeit ist der natürliche Feind des Klimaschutzes. Wie gesagt:

Die Uhr tickt!

Natürlich müsste alles viel schneller gehen, aber es gibt auch Gründe, warum solche Entscheidungen und Veränderungen ihre Zeit brauchen.

Ein Grund, warum der Klimaschutz nicht so schnell vorangeht, wie wir uns das vorstellen:

Er hat auch einen sozialen Aspekt.

Und das ist meiner Ansicht nach auch der ausschlaggebende Grund, warum sich die Politik so schwertut, den Klimaschutz schneller voranzutreiben. Denn eine CO_2-arme Wirtschaft mit umweltschonenden Alternativen kostet nun mal (Achtung Wortwitz!) richtig Kohle oder, besser gesagt, viel Geld.

MOBILITÄT

→ LUXUS KLIMASCHUTZ

Ein großes Problem ist nun mal die Bezahlbarkeit neuer Technik, schließlich gibt es nicht nur Rich People. Elektroautos sind für die Käuferin – vor allem am Anfang – einfach viel teurer als die »alten« Autos mit Benzin- oder Dieselmotoren.

Das kann sich nicht jeder leisten.

Noch teurer ist es, sein Haus mit einer Wärmedämmung zu versehen, um Energie beim Heizen zu sparen. Auch dafür hat nicht jede Hausbesitzerin Geld. Der Staat fördert zwar beides, das Elektroauto und die Wärmedämmung, mit Zuschüssen. Aber auch das kostet uns ja Geld: Die Zuschüsse werden aus Steuermitteln finanziert, und die müssen wir alle erst mal erwirtschaften.

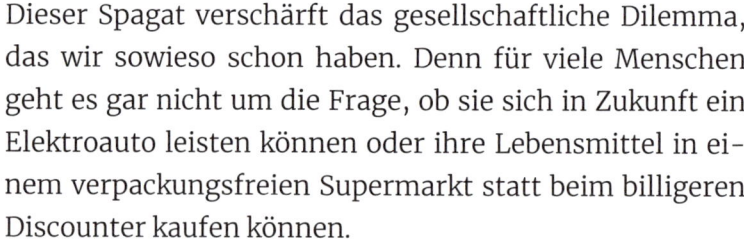

Dieser Spagat verschärft das gesellschaftliche Dilemma, das wir sowieso schon haben. Denn für viele Menschen geht es gar nicht um die Frage, ob sie sich in Zukunft ein Elektroauto leisten können oder ihre Lebensmittel in einem verpackungsfreien Supermarkt statt beim billigeren Discounter kaufen können.

Sondern es geht schon heute darum, ob sie überhaupt genügend Geld für ihre Familie verdienen.

Und das ist noch nicht alles: Es werden nämlich sehr wahrscheinlich Menschen ihren Job verlieren, wenn zum Beispiel ein Kohlekraftwerk schließt, keine Benzinmotoren mehr gekauft werden und niemand mehr Plastikverpackungen produziert.

Ein Beispiel: Rund 20.000 Arbeitsplätze hängen in Deutschland allein vom Abbau der **BRAUNKOHLE** ab, und die Braunkohleproduzenten behaupten, dass ca. 70.000 weitere Arbeitsplätze von der Braunkohleindustrie insgesamt abhängig sind.

Andererseits besteht auch Hoffnung: Es entstehen auch sehr viele neue Ausbildungs- und Arbeitsplätze, und das nicht nur in der Windkraft- und der Sonnenenergie-Wirtschaft.

Die Politik sollte sich am besten schon jetzt darum kümmern, Menschen aus Wirtschaftszweigen ohne Zukunft aufzufangen. Alternative Aus- und Fortbildungen für die Arbeit der Zukunft müssten angeboten werden.

Und da sind wir irgendwie wieder am Anfang dieses Buches gelandet. Denn das Lernen geht ja nicht erst los, wenn man schon einen Beruf hat. Du erinnerst dich an die Frage,

FÖRDERUNG

warum wir in der Schule nicht solche Dinge wie Programmieren lernen? Es wäre sicher gut, schon dort mehr in die Zukunft statt in die Vergangenheit zu blicken.

Die Aufgabe der Politik ist es, Entscheidungen zu treffen, die für manche positive und für andere negative Konsequenzen haben.

Sie muss natürlich darauf achten, dass es in der Gesellschaft keine Verlierer gibt. Findest du, dass sie das beim Klimaschutz schafft? Was würdest du tun?

Eines ist klar: Deutschland alleine könnte das Weltklima nicht retten. Aber es kann mit gutem Beispiel vorangehen. Denn wenn selbst ein reiches Land wie Deutschland es nicht hinkriegt, bis spätestens 2050 klimaneutral zu werden, wie sollen es dann Länder schaffen, die nicht diese finanziellen Möglichkeiten haben?

Apropos »vorangehen«: Wenn ein Land zeigen soll, dass etwas möglich ist, müssten auch die Politikerinnen des Landes sich vorbildlich verhalten, oder? Aber taugen Politikerinnen als Klimaschutz-Vorbilder für uns?

Natürlich ist es nicht gerade vorbildlich, wenn ein Politiker beispielsweise selbst bei kurzen Strecken mit einem Flugzeug zu seinem Termin fliegt, anstatt zum Beispiel die Bahn zu nehmen.

FUNFACT

»VORBILDLICHES VERHALTEN« IST VOR ALLEM VOR WAHLEN ZU BEOBACHTEN. DANN FAHREN POLITIKER NÄMLICH BESONDERS GERNE MIT DER BAHN UND POSTEN DAS DANN AUCH SEHR KREATIV AUF IHREN SOCIAL-MEDIA-KANÄLEN.

Während der Corona-Pandemie hat sich gezeigt, dass Videokonferenzen oder andere digitale Kommunikationsmittel politische Arbeitstreffen ersetzen können. In vielen Fällen sind sie eine umweltfreundliche Alternative.

Ich finde echt, dass Politiker für uns Jüngere Vorbilder sein sollten. Denn man kann von uns kein nachhaltiges Leben verlangen, aber selber alles machen, was der Umwelt und dem Klima schadet.

Nee, nee das geht so nicht!

Aber es ist ja nicht so, dass es nicht noch andere Vorbilder gäbe. Du weißt, wen ich meine, oder?

⮕ SKOLSTREJK FÖR KLIMATET

Das ist Schwedisch und heißt übersetzt »Schulstreik für das Klima«. Ein Schild, geschrieben von einem Mädchen namens Greta Thunberg – damit hat 2018 alles angefangen.

Mittlerweile ist *Fridays for Future (FFF)* die größte Jugendbewegung weltweit.

Greta gilt zu Recht als großes Vorbild für die Gründung von *FFF*. Sie ist das Gesicht der Bewegung und der Botschaft, die sie verbreitet. Die Darstellung von Greta in den Medien wird in den Reihen von *FFF* allerdings auch kritisch gesehen.

Greta ist eine Klimaschutzaktivistin und kein Pop-Idol.

MAIRA KELLERS

Maira Kellers wurde 2005 geboren und ist eine der Jüngsten im deutschen *FFF*-Organisations- und Presseteam. Sie mahnt, dass, wenn es bei Diskussionen nur um Greta geht, damit vom eigentlichen Thema abgelenkt wird: dem Klimaschutz. Deshalb komme ich jetzt schnell dahin zurück.

Fridays for Future Deutschland fordert nichts anderes, als die Ziele des Pariser Klimaabkommens einzuhalten.

Bei der UN-Klimakonferenz 2015 in Paris einigten sich 195 Staaten auf ein neues, globales **KLIMASCHUTZABKOMMEN.** Ziel ist es, den globalen menschengemachten Temperaturanstieg insgesamt auf deutlich unter 2 Grad (gegenüber der vorindustriellen Zeit) zu begrenzen, am besten auf 1,5 Grad. Aktuell haben wir einen Anstieg von 1,2 Grad.

FFF will, dass die Regierungen auf Kommunal-, Landes- und Bundesebene die Klima*krise* als solche benennen und sofort auf allen Ebenen handeln. Alle Maßnahmen sollten immer sozial verträglich gestaltet werden und dürften nicht einseitig zu lasten von Menschen mit geringem Einkommen gehen. Dafür demonstrieren *FFF* freitags auf der Straße, statt in die Schule zu gehen.

Während der Corona-Pandemie wurde es natürlich schwierig, auf der Straße zu demonstrieren. Viele Demos wurden nach dem Motto »Von der Demo zum Hashtag« deshalb ins Netz verlegt. *Fridays for Future* zum Beispiel hat es vorgemacht: Unter dem Hashtag #Netzstreikfuers-Klima wurde mit Bildern von Plakaten und Forderungen einfach online weiterdemonstriert.

Aus der Wissenschaft bekommt *FFF* viel Unterstützung, denn alle Aussagen und Forderungen der Bewegung basieren auf den Ergebnissen der Klimaforschung.

Ohne Druck aus der Gesellschaft geht es nicht. *Fridays for Future* **hat Druck gemacht und auch schon viel erreicht. Dabei sprechen sie nur das aus, was seit vielen Jahren in der Wissenschaft unumstritten ist.**

PROF. DR. MOJIB LATIF

Die Jugendlichen von *Fridays for Future* organisieren Demonstrationen, damit der Kölner Dom nicht irgendwann unter Wasser steht und die Lebensbedingungen fast aller Menschen auf der Erde sich nicht drastisch verschlechtern.

Für *FFF* geht es vor allem darum, dass die Politik, die Parlamente und wir alle den Klimawandel als ernst zu nehmendes Problem erkennen. Maira Kellers ist begeistert, wie schnell *FFF* es geschafft hat, viele Menschen zu mobilisieren. Trotzdem sieht sie noch Verbesserungsmöglichkeiten.

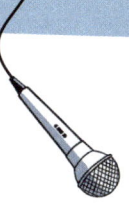

Wir müssen nicht nur auf den Klimaschutz aufmerksam machen, sondern auch Handlungsmöglichkeiten aufzeigen. Denn Klimaschutz heißt nicht nur weg von Kohlekraftwerken und hin zu den erneuerbaren Energien, sondern es ist auch ein Kampf gegen die soziale Ungerechtigkeit.

MAIRA KELLERS

Für Maira ist es selbstverständlich, dass Deutschland als eine der größten Wirtschaftsmächte der Welt auch eine Verantwortung für die Menschen in ärmeren Ländern übernehmen muss.

Zu den zentralen Forderungen von *FFF* gehören der schnelle Kohleausstieg in Deutschland bis spätestens 2030 und eine komplette Umstellung auf erneuerbare Energien bis 2035.

FFF fordert also, acht Jahre früher aus der Kohleverstromung auszusteigen, als die deutsche Regierung es beschlossen hat. Aber wäre ein früherer Ausstieg aus der Kohleverstromung überhaupt realisierbar?

Technisch gesehen, also ohne die Versorgungssicherheit mit Strom zu gefährden, kann man früher aussteigen.

ANTON HOFREITER

AKTIVISTIN

Und warum macht das dann unsere Regierung nicht?

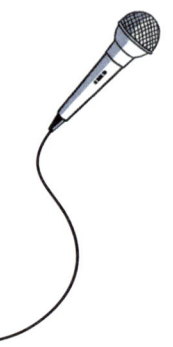

Politisch gesehen kommt es darauf an, dass man eine politische Mehrheit dafür braucht und eine Regierung, die einen früheren Kohleausstieg auch will und durchsetzt. Dann kann man das Thema neu verhandeln. Denn um die Pariser Klimaziele noch zu erreichen, muss weiterhin alles rechtlich und politisch Mögliche unternommen werden, um die Kohleverstromung rasch herunterzufahren.

ANTON HOFREITER

Also, wie du siehst, hat auch dieses Thema etwas mit Wahlen zu tun. Deshalb habe ich dir auch erklärt, wie wichtig ich ein generelles Wahlrecht ab 16 Jahren finde. Hier geht es schließlich um Entscheidungen, die unsere Zukunft beeinflussen.

Wenn du willst, kannst du dich natürlich trotzdem auch noch an anderen Stellen für den Klimaschutz einsetzten. Vielleicht funkst du einfach mal deine Ortsgruppe von *FFF* an? Das könnte ein Anfang sein.

FFF, STREIKS UND DIE PARTEIEN

Ob Gretas Idee, freitags zu streiken, statt zur Schule zu gehen, vorbildlich ist oder nicht, darüber haben Eltern, Schulleitungen und die Politik heftig diskutiert. Genauer gesagt über die Frage: Wie sollte man einerseits mit dem Einsatz für das Klima und andererseits mit der Schulpflichtverletzung umgehen?

Während der Pandemie gab es diese Frage nicht, aber die Schülerdemos werden auch danach nicht verschwinden. Im Gegenteil, ich denke sogar, dass das Engagement nach der Pandemie noch größer werden wird. Deshalb wird auch die Diskussion in der Politik und in der Gesellschaft über die Arbeit von *FFF* weitergehen.

Klar war: Bei den Freitags-Demos ging es primär um die stärkere Sichtbarkeit.

Vermutlich würde es die Politik weniger wahrnehmen, wenn Kinder und Jugendliche am Wochenende auf die Straße gingen, als wenn sie freitags dafür den Unterricht ausfallen lassen.

Besonders Politiker der *AfD, CDU/CSU* und *FDP* kritisierten die Demonstrationen während der Schulzeit und reduzierten damit das Thema größtenteils auf die Verletzung der Schulpflicht.

Andere sahen genau darin etwas Positives.

Wir trauen Kindern und Jugendlichen zu, selbst zu entscheiden, wo sie mehr lernen: in zwei Stunden Mathe [...] oder wenn sie auf der Straße Teil eines demokratischen Prozesses sind und sich für eine bessere Zukunft einsetzen. Die Schule soll junge Menschen auch zum kritischen und reflektierten Denken [...] anregen. Und das findet nun mal nicht nur im Klassenzimmer statt.

KEVIN KÜHNERT

Der Druck, den *FFF* politisch aufgebaut hat, war ziemlich groß. Das ist eigentlich gut, aber mich macht es auch traurig, dass die Aktivistinnen auf Streiks setzen mussten, um überhaupt gehört zu werden.

Ich hatte das Gefühl, dass *FFF* am Anfang von der Politik ein bisschen belächelt wurde.

Aber langsam wird unsere Generation mit ihren Forderungen immer ernster genommen.

Vor allem, weil wir auch immer mehr Menschen aus der älteren Generation davon überzeugen können. Das ist

SICHTBARKEIT

wichtig, denn das sind die aktuellen Wähler, die der Politik noch mehr Druck machen können.

Für *FFF* spielt es übrigens nach eigener Aussage keine große Rolle, ob sie nun von einer Partei mehr oder weniger unterstützt werden. Sie sehen sich selbst als eine überparteiliche Bewegung gleichgesinnter Klimaaktivisten. Sie geben keine Wahlempfehlung ab. Und sie haben auch nicht vor, eine eigene Partei zu gründen.

Allerdings haben Jugendliche aus der *Fridays for Future Ortsgruppe Kempten* vor den letzten Kommunalwahlen die Partei *Future for Kempten* gegründet. Sensationellerweise hat die Partei es sogar mit zwei Sitzen in den Stadtrat von Kempten geschafft. Du erinnerst dich an das vorige Kapitel dieses Buches?

Kommunal ist mehr möglich, als man denkt – sag ich doch!

Die Parteigründung widerspricht zwar auf den ersten Blick dem Grundsatz von *FFF*, aber es handelt sich dabei ja nicht um eine *FFF*-Partei – und natürlich darf jeder in Deutschland eine Partei gründen, auch einzelne *FFF*-Mitglieder.

Was ich gerne noch festhalten würde: Bei Weitem nicht alle Jugendlichen haben sich freitagvormittags zum Demonstrieren aufgemacht. Grundsätzlich ist sich unsere

Generation dennoch ziemlich einig, dass für unsere Zukunft, gerade was die Umweltpolitik und den Klimaschutz betrifft, viel mehr gemacht werden muss.

Und zur Demokratie gehört es eben auch, sich zu entscheiden, ob und in welcher Form man sich einsetzt.

Ich finde, Freitagsdemos sollten weder verboten noch als jugendliches Pflichtprogramm gesehen werden – sondern einfach als eine Möglichkeit von vielen, sich einzusetzen.

Jeder, der bewusst lebt, beim Einkaufen auf Nachhaltigkeit achtet oder einfach öfter mit dem Fahrrad fährt, leistet ebenso einen Beitrag wie jeder, der bei *FFF* mitmacht.

Ich denke, es gibt in dieser Frage, ob die Freitagsdemos das perfekte Mittel sind, kein Richtig oder Falsch. Das ist einfach ein Thema, bei dem zwei unterschiedliche Meinungen aufeinanderprallen. Und das ist doch eigentlich großartig! Denn:

Das ist gelebte Demokratie!

Nicht jeder ist ein geborener Aktivist. Ich auch nicht. Stattdessen habe ich mich 2015 mit dem Klimawandel auf meinem Blog beschäftigt. Das war und ist eben meine Art, mich für das Thema einzusetzen. Ich schreibe und rede mit Politikern darüber.

WELCHER TYP BIST DU?

Siehst du dich eher als Aktivistin oder fallen dir noch andere politische Aktivitäten ein, mit denen du etwas für den Klimaschutz bewegen könntest?

DEIN SUPERSICHERES PASSWORT

Bei der Wahl eines Passwortes sind ein paar Grundregeln zu beachten, die es viel sicherer machen. Ungünstig sind Tastaturmuster oder Alltagsbegriffe als Passwörter. Außerdem solltest du keine Namen oder Geburtsdaten als Passwörter wählen, denn die lassen sich allzu leicht aus dir oder deinem Umfeld schließen.

Empfehlenswert ist, dass das Passwort eine gewisse Länge hat und du zwischen Groß- und Kleinbuchstaben, Zahlen und Sonderzeichen abwechselst.

Es ist übrigens auch keine falsche Idee, für alles, was du im Netz machst, verschiedene Passwörter zu verwenden und nicht für alle Websites und Accounts ein einziges. Was aber sind starke Passwörter?

TIPP:
Beispiele für
unsichere Passwörter:
12345 = nope!
abcde = vergiss es!
xxxxx = jetzt wird es schon
fast lächerlich!

Ich fühl schon, dass du jetzt sagst: »Mir fällt kein Passwort ein! Und wenn, dann kann ich es mir nicht merken!«

Doch, das kannst du – mit einem Trick. **Ein persönliches und supersicheres Passwort merkst du dir am besten mit einem Satz.** Entweder du überlegst dir erst ein (langes, kompliziertes!) Passwort und lässt dir dann einen passenden Satz oder eine Frage dazu einfallen, den du nie mehr vergisst.

Oder du denkst dir zuerst einen Satz aus und bildest daraus dann das Passwort. Du kannst auch einen Satz aus einem Buch nehmen, möglichst mit Zahlen drin. In allen Fällen bildest du aus den Anfangsbuchstaben der Wörter (und den Zahlen) dein Passwort.

Als Beispiel ein Satz aus einem Kochbuch, Seite 41: *In einem Topf einen Liter Hafermilch zum Kochen bringen.*

Beispiel Passwort: *IeT1LHzKb41.*

Sieht doch echt relaxt aus, oder?

So, und das machst du jetzt für alle deine Accounts, und schon bist du sicher unterwegs!

Mein Merksatz lautet übrigens ... Nee, Quatsch, den verrate ich dir jetzt nicht! Für dein Passwort musst du schon selber kreativ werden.

→ WAS DU SELBST FÜRS KLIMA TUN KANNST

Okay, okay. Genug allgemein gelabert. Was kann ich noch machen?

Keine Frage, der Klimaschutz ist ein globales Thema und alles hängt irgendwie mit allem zusammen. Da kann man schon mal den Eindruck bekommen, dass man als Einzelner nichts machen kann. Trotzdem glaube ich, dass jeder Mensch zumindest einen kleinen Beitrag leisten kann, das Klima zu schützen.

Alles ist besser, als nichts zu tun.

Und wenn alle »Einzelnen« mitmachen würden, wäre der gesamte Beitrag sogar ganz schön groß.

Nun sagst du: Die Politik wird das Klima schon retten? Darauf würde ich mich nicht verlassen. Denn wie wir feststellen werden, ist Klimapolitik eine ganz schön verzwickte Sache. Und bisher auch noch nicht gerade perfekt gelungen.

Also lass es uns schon mal anpacken: Ich kann was ändern – und du auch!

Eine gute Möglichkeit wäre zum Beispiel, im privaten Bereich CO_2 einzusparen. Ich checke immer ab, wie ich am besten und klimafreundlichsten an mein Ziel komme: Wo kann ich easy zu Fuß oder mit dem Fahrrad hinkommen? Gibt es bei weiteren Strecken eine Möglichkeit, die öffentlichen Verkehrsmittel zu nutzen, statt meine Eltern zu bitten, mich hinzufahren?

ÖFFIS werden NOCH umweltfreundlicher. So fahren beispielsweise in Berlin schon etwa 120 strombetriebene Busse, und in Hamburg sollen es bis zum Jahr 2025 sogar 530 werden.

Eine andere coole Idee, um sich klimafreundlicher zu verhalten: Obst, Gemüse oder andere landwirtschaftliche Produkte aus deiner Region zu kaufen – und zwar dann, wenn sie reif sind. Denn diese Produkte waren nicht erst Tausende Kilometer mit dem Schiff oder Lkw unterwegs, bevor du sie schnabulierst. Logisch!

Aber aufgepasst: Wenn du im April einen saftigen Apfel aus deiner Gegend essen möchtest, dann ist der schon seit Monaten aufwendig gelagert worden. Für die Ökobilanz könnte es dann sogar besser sein, einen vor Kurzem geernteten Apfel aus Neuseeland zu essen.

Am besten wäre natürlich: Äpfel nur essen, solange sie bei uns ganz normal in einem kühlen Raum gelagert werden können, also im Herbst und Winter.

Sehr viel CO_2 lässt sich auch einsparen, wenn man auf Take-away-Verpackungen oder auf Einweg-Coffee-to-go-Becher verzichtet. Denn es besteht ...

... Plastik-Alarm!

Hä?! Was hat denn jetzt Plastik mit dem Klima zu tun?

Sehr gute Frage! Und du hast Glück, denn das hier ist mein absolutes Lieblings-Klimaschutz-Thema, deshalb kann ich es hoffentlich gut erklären.

Also, es ist eigentlich ganz einfach: Generell ist alleine schon die Herstellung von Produkten ein dickes CO_2-Problem, darüber hatten wir ja schon gesprochen. Bei Produkten aus Kunststoff – und dazu zählen Einwegbecher wegen des Deckels und der Beschichtung – wird noch mal mehr CO_2 frei als bei vielen anderen Sachen.

Für das Plastik im Becher wird Rohöl gebraucht, dessen Förderung und Transport Umweltschäden anrichtet –

und CO_2 freisetzt. Für das Papier in den Bechern werden Bäume abgeholzt.

Und das alles für eine durchschnittliche Lebensdauer von 15 Minuten, die ein Einwegbecher so hat!

2019 entstanden durch die Herstellung von **KUNSTSTOFF** weltweit 850 Millionen Tonnen Treibhausgase. Das ist vergleichbar mit dem Ausstoß von 136 Kohlekraftwerken im selben Zeitraum. Die CO_2-Einsparmöglichkeiten beim Kunststoff sind also gigantisch.

Und ein Happy End gibt's beim Einwegbecher auch nicht: Er kann nicht recycelt werden, weil Papier und Kunststoff nicht voneinander zu trennen sind. Sie werden verbrannt (weiteres CO_2!) oder verrotten irgendwo, schlimmstenfalls in der Natur – und immer sehr, sehr langsam.

Ein Becher aus Styropor zersetzt sich erst nach ca. 50 Jahren und eine Wasserflasche aus Kunststoff braucht schlappe 450 Jahre. Aber erledigt ist dann noch nichts wirklich. Ist ja klar, dass die Sache noch einen Haken hat (außer den Hunderten von Jahren): Der Kunststoff löst sich nicht einfach in Luft auf. Letztendlich entsteht daraus Mikroplastik. Und das ist echt fies.

TAKE-AWAY

Als **MIKROPLASTIK** bezeichnet man kleine Kunststoffteilchen mit einem Durchmesser unter fünf Millimetern. Mikroplastik ist überall: im Trinkwasser, auf Feldern, in Fischen in der Tiefsee selbst im Eis am Nordpol.

Während des Zerfallsprozesses der Plastikflasche entsteht auch noch das Treibhausgas Methan. Und wie du ja schon weißt, ist Methan der genauso böse Zwillingsbruder vom Klimakiller CO_2. Aber das nur nebenbei.

Dass Kunststoffabfall für die Meere und ihre Bewohner nicht gesund ist, ist klar, glaub ich.

Meerestiere oder Seevögel können Plastik mit Nahrung verwechseln. Jedes Jahr verenden dadurch bis zu 135.000 Meerestiere und etwa eine Million Seevögel.

Im Nord-Atlantik wurde schon mal eine treibende Plastikmüll-Insel von der Größe Kubas entdeckt. Überall in den Ozeanen schwimmen riesige Müllmengen, nicht nur an der Wasseroberfläche, sondern auch in anderen Wasserschichten.

Mikroplastik kann bei Meerestieren nicht nur ihr Hormonsystem, ihre Fortpflanzung und ihre Entwicklung stören, sondern sie und ihre Nachkommen auch krank machen.

➡ EINWEG IST KEIN WEG!

Das Beispiel mit den Einwegbechern hat mir, als ich mich damit beschäftigt habe, noch mal so richtig gezeigt, was für ein Riesenthema beim Klima- und Umweltschutz Plastik ist. Nicht nur bei Bechern, sondern vor allem Einwegplastikverpackungen. Ich sag mal so:

Wer braucht in Plastik verpackte Bananen?!

Immerhin ein Anfang: Ab Juli 2021 ist die Herstellung von Einwegplastik wie Einwegstrohhalmen und -besteck oder Fastfood-Verpackungen EU-weit nicht mehr erlaubt.

Trotzdem wird immer noch viel zu viel Verpackungsmüll produziert. Jährlich wirft jeder in Deutschland im Durchschnitt über 100 Kilogramm Verpackungsmüll weg – das ist allerdings nur das, was von der Müllabfuhr eingesammelt wird. Alles, was einfach so in die Gegend geworfen, verbrannt oder anderweitig falsch entsorgt wird, ist da nicht mitgerechnet. Was noch dazukommt: der Verpackungsmüll, den Firmen produzieren. Und was seit der Corona-Pandemie an zusätzlichem Verpackungsmüll durch geliefertes Essen anfällt, ist da noch gar nicht drin.

VERPACKUNG

Also insgesamt wirklich eine Menge Holz und Plastik. Denk allein mal an die ganzen Pizzakartons!

TIPP:
Hast Du schon mal probiert, Pizza selbst zu machen? Ist nicht ganz einfach, aber es macht Spaß! Da muss kein Baum für die Kartons gefällt werden – und die Pizza ist auf jeden Fall noch schön heiß, wenn du sie aus dem Ofen holst.

Besonders wenn man zusätzlich bedenkt, dass nicht nur bei der Herstellung, sondern auch bei der Entsorgung des Restmülls in den Müllverbrennungsanlagen CO_2 entsteht.

Schätzungsweise ein Siebtel der Treibhausgase, die bis 2050 in die Erdatmosphäre gelangen, werden durch die Herstellung und Entsorgung von Plastikprodukten entstehen. Und so viel von dem Zeug brauchen wir nicht wirklich! Ich finde es unverständlich, dass das so wenig diskutiert wird. Plastik ist mein Lieblings-Umweltthema. Weil man viele Fliegen mit einer Klappe schlägt, wenn man Plastik vermeidet!

Der Verzicht auf Plastik ist echt ein Allrounder, wenn es darum geht, besser auf unsere Umwelt aufzupassen. Das Klima rettet man nicht allein damit, keine Kohlekraftwerke mehr zu betreiben oder nur noch in Elektroautos durch die Straßen zu düsen. Das ist lediglich ein Anfang.

Aber jetzt lass uns auch mal auf das Positive blicken.

Für viele Produkte aus Kunststoff oder plastikverpackte Sachen gibt es Alternativen, die kein Plastik enthalten.

Die beste Verpackung ist die, die erst gar nicht entsteht!

Einfach ist das zum Beispiel bei Gemüse oder Obst, beides gibt's auch lose zu kaufen. Nimm am besten immer Stoffbeutel mit in den Supermarkt oder auf den Wochenmarkt, darin kannst du alles gut transportieren.

Trockene Lebensmittel wie Nudeln oder Nüsse findet man auch in Unverpacktläden. Ganz genau hingucken muss man bei Kosmetika, wenn man Plastik vermeiden will. Sie enthalten nämlich sehr oft Mikroplastik. Das ist kein Versehen, sondern von den Herstellern gewollt, weil die Cremes oder Lotions sich dadurch besser anfühlen.

Wenn du wissen möchtest, ob **MIKROPLASTIK** in deinem Shampoo drin ist, schau mal auf die Zutatenliste. Wenn du dort Wörter findest wie »Polyethylen« (PE), »Polypropylen« (PP), »Polyamid« (PA) oder »Polyethylenterephtalat« (PET), dann überleg dir noch mal, ob du dieses Produkt wirklich kaufen möchtest. Übrigens gibt's auch Apps, die dir beim Aufspüren von Mikroplastik in Kosmetik helfen.

Für andere Produkte ist es vielleicht aufwendiger, plastikfreie Alternativen zu finden – aber meistens nicht unmöglich!

WIE PLASTIKFREI KANN MEIN EINKAUF WERDEN?

Wenn ihr das nächste Mal die Einkaufsliste für den Wocheneinkauf eurer Familie macht, schnapp sie dir und schreibe die Produkte auf einen separaten Zettel ab. Mach daneben zwei Spalten. In die erste schreibst du, welches Produkt ihr wahrscheinlich kaufen werdet und ob es eine Plastikverpackung hat oder selbst aus Kunststoff besteht. In die zweite Spalte schreibst du eine plastikfreie Alternative. Du kannst die Liste auch beim Einkaufen weiter vervollständigen. Schafft ihr es, einen plastikfreien Wocheneinkauf zusammenzustellen?

Seid nicht frustriert, wenn ihr diese Challenge nicht ganz schafft. Denn sie hat es echt in sich! Und wenn man sich wirklich mal ernsthaft darüber Gedanken macht und ganz bewusst beim Einkaufen sieht, was da alles aus Plastik (besonders bei den Verpackungen) ist, dann ist das erschreckend. Du wirst dich wundern.

Produkt: Kaufen wir sonst: Plastikfrei:

_____   _____   _____

_____   _____   _____

_____   _____   _____

_____   _____   _____

Produkt:	Kaufen wir sonst:	Plastikfrei:

Jetzt aber genug über Müll gelabert. Natürlich ist Plastik nicht die einzige Klimasünde. Aber eine, die du im privaten Bereich verringern kannst, indem du einfach schon aufpasst, was du kaufst. Genau wie man auch mal auf das Auto verzichten kann.

Wie viel du selbst zum CO_2-Ausstoß und damit zur Klimaerwärmung beiträgst, kannst du übrigens auch herausfinden, indem du deinen eigenen ökologischen Fußabdruck ermittelst. Im Netz gibt es Rechner, die dir dabei helfen.

Am besten guckt ihr euch das mal mit der ganzen Familie an. Ihr werdet dort zum Beispiel gefragt, womit ihr eure Wohnung heizt und ob ihr saisonales Gemüse kauft. Das finde ich eine ganz interessante Sache, weil man so mal über seine eigene Lebensweise nachdenkt. Vielleicht habt ihr ja auch einen kleinen Aha-Effekt.

MOBBING IM NETZ

Das Netz ist nicht nur klebrig, sondern hält auch noch ein paar andere fiese Sachen für dich bereit (neben den ganzen schönen). Hate Speech zum Beispiel. Oder Cybermobbing.

Ich befürchte, dass einige von euch damit schon ihre Erfahrungen gemacht haben. Entweder, weil sie selbst gemobbt wurden, oder weil sie jemanden kennen, dem das passiert ist. Selbst jemanden gemobbt hast du hoffentlich noch nicht ... oder?!

Wer im Netz politisch präsent oder sogar richtig aktiv ist, wird über kurz oder lang auch betroffen sein. Aber nicht nur dann – es kann wirklich jedem jederzeit passieren.

Mobbing, egal ob Cybermobbing oder Hate Speech, kann schlimme Folgen haben. Wer gemobbt wird, kann sich oft zu nichts mehr aufraffen, hat zu niemandem mehr Vertrauen, kann nur schwer Freundschaften schließen und ist manchmal fast ständig traurig oder sogar depressiv.

Mit der Corona-Pandemie hat sich auch Cybermobbing verändert. Weil aus dem Präsenzunterricht immer öfter Homeschooling wurde und alle Kinder und Jugendlichen über das Internet unterrichtet wurden, verlagerte sich auch das »Schulmobbing« ins Netz.

Die Zahl der Betroffenen ist schon eine riesige und traurige Zahl, besonders wenn man bedenkt, dass in Deutschland insgesamt ca. 11 Millionen Kinder und Jugendliche zur Schule gehen (du als echtes Mathegenie hast bestimmt jetzt voll den Durchblick, was das alles in Prozent bedeutet, oder?).

Das große Problem im Netz ist, dass es dort ziemlich einfach ist zu mobben. Durch die Anonymität sinkt die Hemmschwelle für Mobbing und auch für Hate Speech. Da stellt sich natürlich die Frage, ob es vielleicht verpflichtend werden sollte, im Netz seine Identität preiszugeben, wie man das jetzt schon oft bei Kommentaren tun muss. Wie ist deine Meinung dazu, überall deinen richtigen Namen angeben zu müssen? Schwierige Frage, finde ich.

Aber was könntest du bei Mobbing sofort unternehmen, um es abzustellen?

Die erste Anlaufstelle sind für viele die Eltern oder die Freunde. Das ist schon mal gut, denn gemeinsam kann man besser nach Lösungen suchen. Wenn das nicht klappt oder man lieber mit außenstehenden Personen reden will, kann man sich an Profis wenden.

205

Mit dem Wegfall des Präsenzunterrichts verloren Schüler und Schülerinnen allerdings nicht nur die gewohnte Lernumgebung (und in manchen Fällen überhaupt die Chance auf Unterricht), sondern auch eine Möglichkeit, sich gegen Mobbing zu schützen. **Denn in der Schule kann man bei einem Vorfall immer zur Vertrauenslehrerin gehen.**

Viele Schulen haben sogar schon einen Sozialarbeiter. Der hat übrigens eine Schweigepflicht, d. h. er darf mit niemand anderem über das sprechen, was er von dir gehört hat. Das macht es leichter, von sich und seinem Problem zu erzählen. Das wird durch das Homeschooling natürlich nicht einfacher.

Viele Organisationen bieten Hilfe gegen Mobbing, Cybermobbing oder Hate Speech an. Aber egal, für welche Unterstützung man sich entscheidet, ausschlaggebend ist, dass man sich überhaupt Hilfe sucht. **Denn das Wichtigste ist: Man ist nicht mehr allein!**

TIPP:
Hilfe für Mobbingopfer am Telefon:
Nummer gegen Kummer,
das Kinder- und Jugendtelefon: 11 61 11
Online-Hilfe:
www.buendnis-gegen-cybermobbing.de

Ich hab dir mal zwei gute Anlaufstellen aufgeschrieben. Außerdem kann ich dir den Verein *Zeichen gegen Mobbing* empfehlen. Marek, den Gründer des Vereines, kenne ich schon ziemlich lange. Deshalb weiß ich, wie wichtig es ihm und dem Team des Vereins ist, sich für Kinder und Jugendliche einzusetzen, die von Mobbing betroffen sind. Fast alle im Team haben früher auch eigene Mobbingerfahrungen gemacht und deshalb wissen die Ehrenamtlichen, wovon sie sprechen.

Cybermobbing ist strafbar, obwohl es im Gesetz keine eigene STRAFTAT »Cybermobbing« gibt. Denn Beleidigung, Bedrohung oder üble Nachrede sind immer eine Straftat, auch im Internet.

Für Betroffene ist es auf jeden Fall ratsam, sich so schnell wie möglich Hilfe zu suchen, auch wenn es Überwindung kostet. Leider kommt es immer wieder vor, dass sich ein Mobbingopfer nicht traut, jemanden um Hilfe zu bitte – aus Angst, dass das Mobbing noch schlimmer wird. Aber grundsätzlich muss man sagen, wenn man nichts dagegen tut, besteht überhaupt keine Chance, dass sich was ändert.

LIVIAS LIFE

Über Plastik habe ich mich mittlerweile mit vielen Politikern aus fast allen Parteien unterhalten. Aber ein Gespräch war dann doch etwas ausgefallener. Als ich bei Markus Söder im Landtag eingeladen war, habe ich ihm eine Star-Wars-Tasse mitgebracht, weil ich wusste, dass unser Ministerpräsident ein großer Star-Wars-Fan ist. Und ich wollte etwas Werbung für das Thema »Mehrweg« machen. Als Tassen-Motiv habe ich mich für Darth Vader entschieden. Und da war ich schon neugierig auf seine Reaktion, weil ja Darth Vader der Oberbösewicht bei Star Wars ist. Aber es war echt cool, er hat die Tasse sofort ausgepackt und sich total darüber gefreut. Jetzt hab ich Fotos von ihm, mir und der Tasse! 😉

Im Gespräch hat mir Herr Söder gesagt, dass er nicht nur selbst Mehrwegbecher verwendet, sondern auch dafür wirbt. Weil er lieber auf Freiwilligkeit der Verbraucher setzt statt auf Verbote.

Jetzt seh ich manchmal Darth Vader neben Herrn Söder im Fernsehen!

Das Gespräch hat mir einen großen Unterschied innerhalb der Politik und der Parteien bei der Bekämpfung von Einwegplastik aufgezeigt: Die einen setzen darauf, dass Unternehmen und wir Privatpersonen *freiwillig* auf Einwegplastik verzichten, die anderen wollen es verbieten.

DARTH VADER

Den Klimawandel werden wir nicht mit Verboten, sondern nur mit Innovationen bekämpfen können.

CHRISTIAN LINDNER

Was wäre nun der richtige Weg? Klar, nicht auf alles, was aus Kunststoff ist, kann man auch problemlos verzichten, aber ich finde es wichtig, sich darüber mal seine Gedanken zu machen.

Wäre es eine gute Lösung, das »Plastik« mit einer Steuer einfach teurer zu machen, wie es die *GRÜNEN* vorschlagen? Klar ist, der Plastikverbrauch muss gesenkt werden.

Denn es geht ja um mehr. Wie du gelesen hast, hat der Klimawandel viele Gründe. Wir alle sind verantwortlich. Deswegen fände ich es auch schön, wenn sich die Industrie, auch wenn es teuer wird, und die Politiker, auch wenn es vielleicht mal Wählerstimmen kostet, ihrer Verantwortung wirklich bewusst werden würden.

Aber das Ganze sollte dann nicht mit einem Generationen-Bashing enden. Es wäre nämlich zu einfach, der älteren Generation vorzuwerfen, zu wenig an unsere Zukunft zu denken. Denn das wird der Sache nicht helfen.

STEUER

VERBOT

➡ DAS KLIMA VON GESTERN

Schon vor 25 Jahren wurde in der *Tagesschau*® vor dem Klimawandel gewarnt und Mitte der 80er-Jahre im Ruhrgebiet die höchste Smog-Alarmstufe ausgelöst.

SMOG nennt man die Luftverschmutzung, die durch einen hohen Anteil Kohlenstoffmonoxid in der Luft entsteht. Der Begriff wurde schon benutzt, als unsere Eltern ungefähr in unserem jetzigen Alter waren. Smog schädigt die Gesundheit.

Ich finde, da kann man unserer Eltern- oder Großelterngeneration schon vorwerfen, nicht schon früher das Problem ernster genommen und etwas dagegen gemacht zu haben.

Aber wär das fair?

Gucken wir mal ein paar Jahrzehnte zurück. Auch die Generationen vor uns waren von politischen Entscheidungen abhängig, so wie wir heute. Außerdem kann man den Wissensstand und die Informationsquellen von damals auch nicht mit den jetzigen vergleichen. Es gab noch kein Internet mit uneingeschränkten Informationsmöglichkeiten.

Damals – und natürlich auch schon davor – gab es andere Probleme und Krisen. Die Großeltern waren nach dem Zweiten Weltkrieg erst mal mit ganz anderen Dingen beschäftigt. Damit, die beiden deutschen Staaten wieder aufzubauen, vor allem.

Erst danach begannen die Menschen, auf die Straße zu gehen. In Deutschland zum Beispiel gegen die atomare Aufrüstung. Auch gegen die friedliche Nutzung der Atomkraft wurden in den 1970er-Jahren Stimmen in der Bevölkerung laut. Und nicht zu vergessen die Montagsdemonstrationen von 1989 in der ehemaligen DDR, die letztendlich zur Wiedervereinigung beigetragen haben.

Kurz gesagt: Unsere Eltern und Großeltern haben sich für viele und sehr wichtige Dinge eingesetzt.

Nur noch nicht für das Klima.

Die Themen Umwelt und Klima kamen überhaupt erst in den 80er-Jahren allmählich in unserer Gesellschaft an, und die Folgen, wie etwa der Smog, wurden da auch erst langsam sichtbar. Sicher kein Zufall, dass in dieser Zeit *DIE GRÜNEN* gegründet wurden. Aber die hatten damals natürlich nicht gleich die politische Durchschlagskraft wie heute. Von den meisten Menschen und Politikern wurde die Umweltzerstörung erst mal weiter ignoriert.

STRAßE

GROßELTERN

Klar kann ich jetzt im Nachhinein schlau daherreden und jeden Fehler aus der Vergangenheit aufzeigen. Will ich jetzt gar nicht wirklich.

Aber eine Frage muss sich die ältere Generation schon gefallen lassen: Hätte sie mit dem Wissen von heute damals etwas anders gemacht?

Das habe ich auch Peter Maffay gefragt. Der Sänger sieht seine Generation sehr kritisch und nimmt sich dabei auch selbst nicht aus.

Ich wäre mit Sicherheit mehr mit dem Fahrrad gefahren. Aber im Ernst, ehrlich gesagt bin ich mir nicht sicher, denn rückblickend könnte man viel behaupten. Ich muss gestehen, dass ich mir als jüngerer Mensch keine Gedanken über die Auswirkungen einer Klimaerwärmung gemacht habe.

PETER MAFFAY

Sich wirklich damit zu beschäftigen, begann Peter Maffay nur, weil er von Menschen umgeben war, die reifer waren als er damals. Nur durch diese vielen Diskussionen hat er seine Lebensweise verändert.

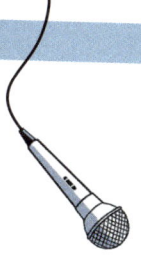

Ich weiß und das versuche ich täglich, dass ich alle Register ziehen muss und wenn es auch nur im minimalsten Bereich ist, um einer negativen Klimaentwicklung entgegenzuwirken. Trotzdem muss ich auch gestehen, da es sonst ziemlich unehrlich wäre, dass ich immer noch gerne mit dem Motorrad fahre.

PETER MAFFAY

Die ehrliche Antwort von Peter Maffay fand ich sehr beeindruckend.

Vielleicht ist es auch eine Idee für dich, mit deinen Eltern und Großeltern ins Gespräch zu kommen? Stell ihnen die Frage: Hättest du bestimmte Dinge hinsichtlich der Themen Klima und Umwelt mit dem Wissen von heute anders gemacht? Im besten Fall führt deine Frage zu einer spannenden Diskussion, die beide Seiten näher zusammenbringt.

Ich würde euch gerne motivieren, euch generationenübergreifend die Klimapolitik genau anzusehen und gemeinsam den nötigen Druck auf die Politik aufzubauen. Damit wir eine echte und realistische Chance haben, das Klima zu schützen.

⟶ MEIN FAZIT ZUR KLIMAKRISE

Nicht nur für mich gehört das Klima zu den Topthemen für unsere Zukunft. Es ist wahrscheinlich sogar das wichtigste. Und sollte damit auch ganz oben auf der To-do-Liste der Politik stehen, viel mehr noch als jetzt schon.

Corona hat am Anfang doch gezeigt, dass die Politik sehr viel beeinflussen kann.

Wie du schon gelesen hast, haben wir in Deutschland zufällig auch unser Klimaziel 2020 erreicht, weil wir für viele Monate alles runtergefahren haben: Verkehr, Wirtschaft, Freizeitleben. Es geht also.

Natürlich können und wollen wir das Wenigste davon als Klimaschutz-Alternative für die Zukunft übernehmen, aber es zeigt trotzdem, welchen Einfluss die Politik auf die Wirtschaft und den Klimaschutz haben kann.

Es geht beim Klima um die Glaubwürdigkeit der Politik.

Und genau die hat in der letzten Zeit beim vielen Hin und Her von Corona-Entscheidungen so einige Kratzer bekommen.

Das schafft nicht gerade tiefes Vertrauen in die Klimapolitik. Klar sind die Folgen einer Klimaerwärmung nicht gleich so sichtbar wie die der Corona-Pandemie. Aber für die Menschheit nicht weniger gefährlich. Deshalb ist es auch die Aufgabe unserer Generation, die Politik von der Wichtigkeit sinnvoller Klimapolitik zu überzeugen. Wie das gehen könnte, habt ihr ja schon gelesen.

Es fängt immer damit an, der Politik ganz genau auf die Finger zu schauen und die Entscheidungen, die sie trifft, zu hinterfragen.

Klimaschutz ist zwar kompliziert – aber nicht unmöglich. Wenn man wirklich will.

➡ HEUTE IST DER TAG VOR MORGEN

Mein Weg vom ersten Blogeintrag 2015 bis zu diesem Buch hier war lang, und in der Zwischenzeit ist viel passiert. Ich habe mir Gedanken gemacht, mit unzähligen Menschen gesprochen und viel gelernt.

Was mir aber von Anfang an wichtig war zu zeigen: dass Politik nicht unverständlich sein muss. Mehr zu verstehen heißt auch, mehr Einblick zu haben und Dinge selbst beurteilen zu können. Das ist die Voraussetzung, um der Politik besser auf die Finger schauen zu können.

An Entscheidungen, die heute getroffen werden und die unsere Zukunft beeinflussen, sollte unsere Generation mitwirken. Deshalb gehört für mich das bundesweite Wahlrecht ab 16 Jahren zu den zentralen Themen unserer Generation. Wählen ist der Schlüssel nicht nur zur Demokratie, sondern auch für unsere Tür in die Zukunft.

Die Politik hat viele Farben, von Tiefschwarz über Rot und Gelb zu Grün und sogar Rosa – und manchmal erscheint sie auch etwas farblos. Ich hoffe, dass sie für dich ab jetzt immer farbenfroher wird und dass du deine Farben findest. Halte einfach Augen und Ohren offen und such dir deine Partei, die deine Interessen am besten vertritt. Es darf auch ruhig immer mal wieder eine andere sein! Vor allem aber ist wichtig: Geh wählen, sobald du darfst!

Natürlich gibt es viel mehr Themen, die unsere Generation betreffen, als die, über die ich dir hier etwas erzählt habe. Aber welche Themen für dich am meisten zählen, kannst nur du entscheiden.

Wichtig ist, dass du jetzt vielleicht erste Ideen hast, wie es losgehen könnte mit dir und der Politik. Du hast eine Ahnung, was Fake-News sind. Und niemand kann dich mehr so leicht mit billigen Parolen beeinflussen. Denn du hast inzwischen sicher angefangen, dir deine eigene Meinung zu bilden.

Wenn ich mit 18 Jahren ein Buch über Politik schreiben kann, eine 15-Jährige dem Organisationsteam von FFF angehört, ein 19-Jähriger Bürgermeister werden kann, dann leben wir in einem Land, in dem auch du eine Chance hast, etwas zu bewegen. Vielleicht hast du schon ein paar eigene Ideen, was du alles machen kannst und möchtest.

Denk immer daran:

POLITIK BEGINNT IMMER IM KLEINEN.
BEI JEDEM EINZELNEN.
BEI MIR.
UND BEI DIR.

Die Zitate im Buch ...

... stammen, sofern nicht anders angegeben, aus mündlichen und schriftlichen Gesprächen mit Livia Josephine Kerp.

S. 21: Dieter Reiter, Oberbürgermeister der Stadt München, *SPD*, 14.04.2021

S. 22: Alexander Hold, Vizepräsident des bayerischen Landtages, *Freie Wähler*, 22.08.2020

S. 27: Malala Yousafzai, Kinderrechtsaktivistin und Frauenrechtlerin, Rede vor den *Vereinten Nationen* am 12.07.2013

S. 48: Christian Wulff, ehemaliger Bundespräsident der Bundesrepublik Deutschland und ehemaliger Ministerpräsident des Landes Niedersachsen, *CDU*, 22.10.2017

S. 57: Mirko Drotschmann, Historiker, Journalist und YouTuber, 29.11.2020

S. 63: Christian Wulff, 16.04.2021

S. 64: Jamila Schäfer, stellvertretende Parteivorsitzende, *Bündnis 90/DIE GRÜNEN*, via Twitter am 18.09.2018

S. 65: Katja Kipping, Bundestagsabgeordnete, *DIE LINKE*, via Twitter am 01.03.2017

S. 68: Eva Schulz, Reporterin und Moderatorin, 13.01.2021

S. 68: Philipp May, Redakteur und Moderator beim *Deutschlandfunk*, 14.12.2020

S. 69: Philipp May, 14.12.2020

S. 107: Katja Kipping, 12.04.2021

S. 116: Christian Wulff, 05.10.2020

S. 116: Kevin Kühnert, stellvertretender Bundesvorsitzender, *SPD*, 24.09.2020

Livia Josephine Kerp wurde 2002 in München geboren und begann bereits im Alter von 13 Jahren zu bloggen. Auf ihrem aktuellen Blog LiviaJosephineMagazin schreibt sie über politische Themen, die ihre Generation bewegen, und fühlt dafür regelmäßig in Interviews bekannten Persönlichkeiten aus Politik und Gesellschaft auf den Zahn. Daneben verfasste sie bereits Kolumnen für das Münchner Samstagsblatt und RTL.de, aktuell schreibt sie für das Online-Magazin LangweileDich.net. Auch saß Livia in der Jury für das Jugendwort des Jahres und den Young Media Award 2019. Die Abiturientin lebt mit ihrer Familie in München.